JN439499

이카루스의 날개

진영하 수필집

| 책 머리에 |

원고를 의뢰한 곳에서 요구하는 이야기, 다른 사람의 이야기를 쓰는 생업에 종사하다 보니 사는 게 바쁘다는 핑계로 정작 내가 원하는 이야기, 나의 이야기를 많이 쓰지 못했다. 다른 부지런한 분들은 등단하고 몇 년 안으로 수필집을 낸다는데 나는 등단 10년 맞는 해에나 한 권 내볼까 생각하고 있었다.

그러나 말하자면 조금은 긴 우여곡절 끝에 이 세상에 내 이름으로 된 책 한 권이 나오게 되었다. 누군가 그랬다, 책 한 권을 낸다는 것은 산모가 아이를 낳는 것과 같은 일이라고. 과연 열 달 동안 배에 품어 내 자식들을 낳을 때도 이만큼 힘들었을까 싶다. 귀한 생명체의 잉태를 위하여 몸과 마음을 제대로 준비하고, 행복한 마음으로 정성 어린 태교를 하듯 출판의 과정을 즐기고 싶었으나 첫 경험이고 미숙하여 그러질 못해 아쉽다.

지천명(知天命)이면 하늘의 뜻을 안다고 했던가. 그 큰 뜻은 여전히 몰라도 저 하늘에서 굽어보고 계실 나의 문학에 대한 씨앗을 이 세상에 심어주신 사랑하는 아버지와 내내 잠잘 뻔했던 씨앗의 싹과 잎을 틔워주신 허미순 선생님, 향기 품은 꽃이 되리라 지금도 믿어주고 계실 박종철 선생님의 부족한 나에 대한 애정은 알 것만 같다.

『이카루스의 날개』를 펼칠 수 있도록 문예진흥기금 신청을 위해 수고해주신 이민호 선생님, 나의 첫 책 출판을 따뜻하게 이끌어주신 『수필문학』의 강병욱 대표님께 감사드린다. 그리고 인생의 동반자이자 애정 어린 지원을 아끼지 않는 남편과 사랑하는 아이들, 이 책이 나오기까지 도움 주신 모든 인연 있는 분들에게 고마운 마음 전한다.

2020년 가을을 맞으며, 저자 진영하

진영하 수필집

이카루스의 날개

- 책 머리에
- 차 례

인생은 함께 걷는 길

새해 기원(祈願) / 16

꽃 할아버지 / 20

우산 고치는 노인 / 26

퇴임식은 취임식 / 31

식탁이 있는 삶 / 36

꿈을 향해 걷는 길 / 41

광산에 핀 꽃 / 46

잊지 못할 헌다례(獻茶禮) / 51

살며, 사랑하며, 배우며

마음의 결 / 58

이카루스의 날개 / 63

나의 첫 손님 / 68

해금(奚琴) 이야기 / 73

Again, 학전 Again, 청춘 / 79

희망의 이순신 / 84

어부와 낚시꾼 / 89

안전의식 레벨 업(level up) / 94

소소한 일상에서 느끼는 단상

감사한 물난리 / 100

우리집 국화 축제에 부쳐 / 105

치과 검진받는 날 / 109

나, 갔다 올게 / 114

안반데기 운유(雲遊)길 / 120

가을 정취 더하는 모정(母情)의 소리 / 125

세월을 길들일수록 빛이 난다네 / 128

내 마음이 법당 / 131

늘 그립고 감사한 나날

한여름 밤 / 138
수학여행 / 143
아바이 회국수 / 149
엄마의 도시락 / 154
인연(因緣) / 159
궁남지에서의 나그네가 / 165
바람이 전하는 말 / 170
그리운 홈스테이(Homestay) 친구들 / 175

너와 내가 공존하는 삶

배려와 양보 / 182
인성이 먼저다 / 187
최고 품격 유감 / 191
힐링 캠핑? 킬링 캠핑! / 196

다시 무소유 / 201

초당이 기억하는 강릉의 3·1 운동 / 207

매미의 오덕(五德) / 212

붉은바다거북아, 미안해 / 217

인생은 함께 걷는 길

새해 기원(祈願)

기해년(己亥年)을 맞았던 때가 엊그제였던 것 같은데 어느새 '경자년(庚子年)'이라는 손님이 성큼 들어섭니다. 갑자기 들이닥치는 손님이 아니라 이미 1년 전부터 예약을 해 두고 오시는 손님이지요. 그런데도 연말만 되면 전혀 오실 줄 몰랐다는 듯이 번번이 왜 이리 허둥지둥하며 사는지 부끄러울 따름입니다.

누군가 그랬지요?

세월의 속도는 자신의 나이와 반비례가 되어 흐른다고. 10세의 어린이는 달구지처럼 천천히 10㎞의 속도로, 20세 젊은이는 자전거를 타고 가듯 20㎞로 지나갑니다. 거기다 30세와 40세의 중년이 되어 버스에서 자가용으로 갈아탄 뒤 인생이라는 전용도로를 달리다 보니 가속도까지 붙어 순식간에 50세에 이르렀습니다. 60세, 70세의 인생 속도는 정말 KTX나 비행기처럼 자고 일어나 눈을 몇 번 껌뻑이면 나이 한 살 더 먹을 정도로 빠르다는 말이 전혀 우스갯소리만은 아닌 것 같다는 생각이 듭니다.

이제 벌써 작년이라고 말해야 하는 2019년에는 지금 생각해 보면 저는 갱년기에 들어서며 살짝 우울증이 왔던 것 같습니다. 평소대로 꼭 해야만 하는 일을 하러 나가는 것 외에는 집 밖을 나가기가 싫었답니다. 자꾸만 움츠러들고 아무것도 하고 싶지 않았습니다. 오히려 저보다 나이가 많으신 분들은 활기차고 적극적으로 활동하시는데 저는 마음이 폭삭 늙어버린 사람처럼 지냈지요.

새해가 되어 동해의 찬 바람을 맞으니 정신이 번쩍 듭니다.

백세시대라고 하는 요즘, 이제 겨우 반을 살았는데 세상 다 산 것처럼 굴면 아니 되겠지요. 제대로 몸을 살피지 않은 탓에 이만큼 살면서 기능이 약해지거나 하나둘 잔 고장이 나는 기관들이 속출하고 있음을 뒤늦게 알게 되었습니다. 건강검진 성적표는 하위 성적이라며 이대로 계속 살면 몇십 년 후에는 온갖 병에 다

걸린다고 무섭게 경고합니다.

저보다 나이가 많은 분들께는 송구스럽지만, 나이를 먹어가며 건강만큼 중요한 것이 없다는 걸 깨닫게 됩니다. 저 자신뿐만 아니라 이제는 주변 사람들도 여기저기 아프다는 소식이 들려오기 시작하는 시기입니다. 가까운 누군가의 부고를 들으면 정말 안타까운 마음 이루 말할 수 없습니다. 돈이 많고 명예가 높은들 뭐하겠습니까. 병이 들어 몸이 고통스럽고, 병실에 누워만 있어야 하는 처지라면 백세시대도 아무 의미가 없겠지요. 건전한 정신은 건강한 육체에서 나온다는 말이 있듯이 의욕적으로 움직이기 위해 함께 건강관리에 힘쓰는 새해가 되었으면 하는 바람입니다.

2020년 경자년은 힘이 아주 센 '흰 쥐의 해'라고 합니다.

쥐는 다산과 번영을 상징하는데, 흰 쥐는 쥐 중에서도 가장 우두머리 쥐이자 매우 지혜로워 백호나 흰 사자만큼 상서로운 쥐로 풀이된다지요. 밤낮으로 부지런히 몸을 놀리며 먹이를 비축해 두는 쥐에게서 부지런함을 배우겠습니다. 지난해까지의 게으름을 피우며 이불 속에서 마냥 뒹굴며 시간을 허비한 죄를 많이 뉘우치고 있습니다.

미국의 정신의학자이자 죽음학의 창시자인 엘리자베스 퀴블러로스는 "우리가 지상에서 가진 시간이 얼마 되지 않는다는 사실을 진정으로 깨닫고 이해할 때, 그리고 우리의 시간이 언제 끝날지 아무도 알지 못한다는 사실을 깨달을 때, 우리는 비로소 하루하루를 마지막 날인 것처럼 최선을 다해 사랑할 것이다."라고 말했습니다. 우리 모두 이제 다시 새롭게 시작한다는 마음가짐으로 신발 끈을 고쳐 매고 삶을 부지런히 살아가길 소원합니다.

지난 한 해 저의 안녕이, 늘 부족한 제게 보내주셨던 여러분들의 관심과 은혜 덕분이라는 것을 압니다. 2020년은 작년보다 올해, 어제보다 오늘 더 많이 사랑하며 그 정성에 보답하는 한 해 되도록 노력하겠습니다. 부디 새해에는 뜻한 바를 모두 이루어 풍요롭고 행복한 한 해가 되시기를 바랍니다.

새해에도 늘 건강과 행운이 함께 하시길 두 손 모아 기원합니다.

꽃 할아버지

계절의 여왕, 5월이다. 앞다투어 피는 꽃들로 온 세상이 다 꽃 천지이다. 우리집 작은 마당에도 철쭉꽃, 튤립, 라일락꽃이 만개해 자태를 뽐내고 있고, 금낭화와 백합, 장미도 곧 그 모습을 드러낼 태세다. 가을을 기약하는 국화와 구절초도 녹색의 싱싱한 빛을 띠며 어우러져 있다.

이렇게 우리집이 꽃 대궐을 이룬 데는 앞집의 '꽃 할아버지' 도움이 컸다. 우리가 구해서 심은 꽃들도 있지만, 할아버지가 선물로 주시거나 할아버지 집 마당에

피어 있던 꽃들 중 우리 집으로 건너온 꽃들이 대부분이다. 그러다 보니 꽃이 피는 계절이면 우리 집과 앞집 할아버지 집은 골목길을 사이에 두고 비슷한 꽃들로 서로 마주 보며 꽃 대궐을 이룬다.

사실 꽃 할아버지는 약 5년 전부터 앞집 단칸방에 세 들어 살며 목수 일을 하시는, 이가 그다지 많지 않은 독거노인이시다. 그런 사실을 모두 떠나서 나의 소중하고 정다운 이웃이다.

나는 어릴 때부터 주택가에서 살아왔다. 동네 집집마다 다 아는 사이였지만, 특히 우리 집과 함께 나란히 붙어 있는 세 집은 더더욱 가깝게 지냈었다. 아이들은 대문이 늘 열려 있던 세 집을 제집 삼아 들락거리며 놀았고, 어머니의 맛난 음식을 접시에 담아 갖다 드리면 빈 접시로 되돌아오는 일이 없었다. 기쁜 일과 슬픈 일을 함께 나누는 이웃 간의 정을 듬뿍 느끼며 자라 왔다.

결혼을 하고 옆집에 누가 사는지도 모른다는 아파트가 싫어서 주택가에 보금자리를 틀었다. 그러나, 이사 와서 떡을 돌리느라고 동네 한 바퀴를 돌면서 시대의 각박한 슬픈 현실은 주택가도 마찬가지라는 걸 느낄 수 있었다. 다들 삐죽이 대문을 열고 요새 이사 왔다고 떡 돌리는 사람은 처음 본다면서 총총히 들어가질 않나, 심지어 떡 주는 사람은 나인데 집주인이라는 자격으로 위층은 세입자니까 안 줘도 된다며 돌려보내려는 사람도 있었다. 내가 생각한 분위기가 아니어서 정말 실망했었다.

그 후로 아이 둘을 낳아 기르며 백일떡, 돌떡을 돌렸어도 아이 주라고 눈깔사탕 하나 주는 이웃도 없었고, 나이 차가 나는 젊은 새댁이라서 그랬을까 말벗이 되어 주는 이웃도 없이 그저 꼭꼭 대문을 걸어 잠그고들 살았다. 낮에 집에 혼자 있다가 봉변을 당해 도와 달라고 외쳐도 누구 하나 달려와 줄 이웃이 없어 보였다. 나는 정을 나눌 이웃이 없다는 사실에 절망하며 다른 동네로 이사를 갈까 하는 생각까지 했었다.

내 마음의 문이 그렇게 서서히 닫혀 가고 있을 때, 꽃 할아버지가 이사를 오셨다. 앞집의 1층에 사는 딸만 있는 다른 세입자는 요즘은 나이 든 노인도 아이들한테 이상한 짓을 한다며 가까이 가지 말라고 교육시켰다고 했다. 그런 말을 들은 나도 처음에는 괜히 경계의 눈빛으로 바라보았다.

꽃 할아버지에 대한 나와 주변 이웃들의 마음의 빗장을 풀게 한 것은 바로 꽃이었다. 앞집은 세입자들만 살고 있지 주인이 함께 살고 있지 않다. 마당에 큰 감나무를 제외하고 잡풀만 무성했던 곳을 할아버지가 풀을 뽑고, 거름을 주고, 꽃을 심어 가꾸기 시작한 것이다.

꽃 할아버지가 정성껏 가꾼 오색찬란하고 풍성한 꽃들은 지나가는 이웃들이 모두 시선을 빼앗긴 채 한 번씩 탄성을 지르게 할 정도로 아름다웠다. 주변 이웃들은 담장 너머로 고개를 내밀고 구경을 하였고, 한 사람 두 사람 할아버지께 꽃에 대한 질문을 하며 말을 건네기 시작했다. 동네 아주머니와 할머니들의 여심(女心)은 그만 온갖 꽃들 앞에서 무너져 내렸음을 나는 확신한다. 어느새 나도 꽃 할아버지 집 마당에서 이런저런 얘기를 나누고 있었으니까.

당시 새댁이었던 나는 다른 사람과 내가 직접 만든 음식을 나눠 먹고 싶은 마음은 컸지만, 요리 솜씨가 부끄러워 선뜻 주질 못했었다. 골목길을 사이에 두고 꽃 한 송이가 담장을 넘어 다니면서 꽃 할아버지는 내가 직접 만든 음식인 김밥을 처음 맛보아 준 이웃이 되었다. 그 뒤로는 아이들 간식을 준비할 때마다 할아버지께도 입이 심심할 때 드시라고 챙겨서 갖다 드렸다.

오토바이를 타시는 할아버지는 남편이 늦게 귀가하면 밖에 세워 둔 당신의 오토바이를 집 마당으로 들이시면서 그 자리에 우리 집 차를 주차하라고 하시고, 시골에 일 나가셨다가 순전히 우리 집 김장거리를 위해 트럭을 빌려 타고서 배추와 무를 얻어다 주셨다. 더운 여름 복날이면 우리 집에서 출발한 시원한 수박과 함께 삼계탕이 냄비째 골목길을 넘나들었고, 겨울에 눈이 내리면 새벽같이 골목길뿐만 아니라 우리집 마당의 눈까지 치워 놓으신 할아버지를 위해 고구마와 가래떡을 구워 날랐다.

아이들이 유치원에 다니게 되었을 땐 늘 아침에 나와 함께 골목길에서 배웅해 주셨고, 어떤 때는 과자 사 먹으라며 천 원짜리 지폐도 손에 쥐어 주셨다. 가까이 사는 이웃이 멀리 사는 친척보다 낫다는 말처럼 꽃 할아버지는 어느 친할아버지도 못 주실 사랑을 우리 아이들에게 주고 계신다. 이만하면 꽃 할아버지는 단순한 이웃을 넘어서 우리에겐 한 가족이나 진배없다.

할아버지께 왜 이렇게 꽃을 열심히 가꾸시냐고 여쭤본 적이 있다. 할아버지는 가꾸는 재미도 있고, 오고 가는 이웃들한테 예쁜 꽃을 보여주면 흐뭇한 마음이 든다고 하셨다. 또, 달라는 사람에게 나눠 주는 즐거움도 있다고 했다. 비록 집은 세 들어 사는 할아버지이시지만 마음만은 호화주택의 주인도 못 따라올 정도의 넉넉하고 베푸는 마음에 고개가 숙여졌다.

며칠 전, 꽃 할아버지의 꽃밭을 구경하다가 할아버지가 어디 다른 곳으로 이사 가시면 어쩌나 걱정된다는 얘기를 했다. 할아버지는 담배 한 대를 피우시면서 이사 가게 되면 여기 있는 꽃들은 다 우리를 주고 갈 거라고 하셨다. 나는 꽃을 아니 받아도 되니 그냥 할아버지가 오래도록 우리 가족의 정다운 이웃으로 계셔 주셨으면 하는 바람이다.

몇 년 새 아이들도 커서 이제는 서로 자기가 다녀오겠다며 다람쥐 같은 우리 아이들이 쪼르르 쪼르르 접시를 나르고 있다. 이번 어버이날에는 늘 꽃과 함께하는 할아버지 가슴에 빨간 카네이션 한 송이를 달아 드려야겠다.

우산 고치는 노인

"엄마, 오늘은 제 우산 꼭 고쳐 오실 거죠?"

큰아이가 장우산을 집어 들고 나가며 볼멘소리로 한마디 한다.

장마라 연일 비가 내렸다 안 내렸다 오락가락이다. 언제 비가 내릴지 몰라 우산을 챙겨 보낸 날 비가 내리면 수고스럽게 우산을 가져간 보람이 있지만, 잔뜩 흐리기만 하고 비가 오지 않은 날이면 천덕꾸러기 짐이 되고 만다.

그래서, 아이는 작게 접어 책가방에 넣어 다닐 수 있

는 3단 우산을 좋아하는데, 며칠 전에 우산살이 하나 부러져 고쳐다 주겠노라 약속했었다. 날씨가 궂으니 시내까지 나가는 게 귀찮아 차일피일 미루던 터에 급기야 한소리 듣고서야 오늘 수선사로 향했다.

나는 우산이 망가져도 믿는 구석이 있어서 크게 상심하지 않는다. 시내의 그리 넓지 않은 골목길에 지붕을 두르고 성냥갑만 한 점포들이 이어 붙여져 말은 시장이라고 불리는 곳이 있다. 그 안의 아내인 할머니는 옷을, 남편인 할아버지는 우산을 수리한다고 해서 이름 붙여진 '부부수선사'. 이곳은 비바람에 맞서 싸우다 부상당한 우산들이 할아버지한테 수술 및 재활치료까지 확실하게 받고 새롭게 태어나는 우수한 우산병원이다.

친정어머니를 따라 다니면서 알게 된 이곳은 몇십 년째 그 자리를 지키고 있다. 늦게 결혼해 낳은 내 아이가 벌써 초등학생이 되어 이제는 그 아이의 우산을 고치러 다니고 있으니, 나도 이만하면 '부부수선사'의 VIP 단골손님이라고 칭해도 손색이 없을 것이다.

하지만, 이건 순전히 내 생각이고 현실은 그렇지 않았다. 사실 할아버지는 온화한 모습도 아니고 무뚝뚝 한데다 『방망이 깎던 노인』(윤오영 작) 같으신 분이다. 손님이 할아버지더러 좀 빨리 고치라고 채근하면 그렇게 재촉하면 어떻게 제대로 고치냐며 그럴 거면 다른 데 가서 고치라고 언성을 높이거나, 거들먹거리는 손님이 할아버지한테 언행을 함부로 하면 그렇게 잘난 사람이 왜 나 같은 사람한테 와서 우산을 고쳐 달라냐며 쫓아 보냈다. 차례를 기다리며 이런 장면을 목격한 적이 있는 나는 틀림없이 고쳐주는 할아버지한테 우산을 들고 찾아와 그 앞에 섰을 땐 최대한 예의 있고 온순한 한 마리 양이 되어 기분을 거스르지 않으려고 애썼다.

오랫동안 다니며 나도 나이가 든 아줌마가 되다 보니 언제부터인가 가끔씩 무섭기만 했던 할아버지한테 말을 걸고 옅은 농담도 주고받게 되었다. 어쩌면 그 무렵이 여든이 넘은 할아버지가 당뇨병을 앓던 와중에 중풍을 두 번이나 맞으면서 기력이 부쩍 쇠약해진 시기였는지도 모른다.

우산을 내밀자 할머니는 맡겨 놓고 다른 볼일을 보고 와서 나중에 찾아가라고 하셨지만, 나는 그냥 여기서 기다렸다 가져가겠다고 했다. 마침 한가해서 어슬렁거리던 옆 점포의 여주인이 할아버지가 이제 나이가 많으셔서 손놀림이 예전 같지 않아 빨리 못 고쳐 그렇다며 말을 거들었다. 그러자 할아버지가 짐짓 의아한 표정으로 "뭐? 이제 내가 겨우 서른인데…"라고 농담을 하셔서 나는 "어머, 그럼 제가 여태까지 동생뻘 되는 분한테 꼬박꼬박 존댓말을 써 왔단 말이에요? 아이고, 억울해라. 제 나이가 마흔이 넘었으니 할아버지는 제 동생이네요, 동생." 하며 장단을 맞추자 모여 있던 사람들은 박장대소했다.

할머니는 "여기 이 자리에서만 25년째인데 무슨 얘기우." 하자, 옆 점포 주인은 "그러게. 여기서 하기 전에 저기 철다리 밑에서도 했었는데… 그때가 언제나?" 하며 기억을 더듬었다. 할아버지는 "그때는 한 열대여섯 살 됐었겠지." 하며 또 농을 하셨다. 우리는 눅눅한 장마 기운을 다 걷어내리만큼 다시 한번 크게 웃었다.

할아버지는 이 일을 한 지도 40년이 넘었다며, 이제는 다른 곳으로 가지도 못하고 갈 곳은 딱 한 군데밖에 없다고 하셨다. 내가 "아니에요, 거기는 아주 아주 늦게 가셔야 해요. 동생이 누나인 저 환갑잔치하는 것 보고 가셔야죠." 하며 눈을 찡긋거리자 할아버지는 어린아이처럼 함박웃음을 지으신다.

꼼꼼히 몇 번이고 두들겼다 폈다 접었다를 해 보시더니 다 되었다며 건네주셨다. 할아버지의 솜씨를 알기에 확인도 하지 않고 값을 치르려 하자 한번 확인을 해보라고 권유하셨다. 나는 "아유, 젊은 서른 살 동생이 좀 잘 알아서 했겠어요?" 했다. 할아버지 입이 벙긋거렸다.

나는 할아버지가 건강하시길 진심으로 바란다. 세월의 흐름을 막을 수는 없는 일이기에 할아버지가 만약 갈 곳이 한 군데밖에 없다는 그곳에 가시게 되면 나는 더 이상 우산을 고쳐서 쓸 수 없기 때문이다. 물자가 넘치는 요즘은 옛날 같지 않아서 우산이 망가지면 쉽게 버리고 새것을 사는 시대이다 보니 우산을 고쳐주는 곳도 더 이상 찾기 어렵다.

그러나, 실로 어려운 문제는 그것이 아니다. 평상시처럼 망가진 우산을 고치러 그곳을 찾은 그 어느 날, 재봉틀 앞에 할머니만 외로이 앉아 있고 할아버지의 텅 빈 자리를 보게 될까 눈물 많은 나는 벌써부터 그 점이 두렵다.

아, 이제 보니 할아버지의 굽은 등은 어느새 그가 평생 동안 늘 다듬어 냈던 둥글게 잘 펴진 우산을 닮아 있다.

퇴임식은 취임식

난처한 초대를 받았다. 어쩌다 작년부터 아이가 다니는 초등학교의 학교운영위원회 위원으로 활동하고 있는데, 교장 선생님께서 퇴직을 하시게 된 것이다. 교장 선생님과의 마지막 회의가 있던 날, 선생님은 퇴임식 얘기를 꺼냈다. 그동안 학교 운영을 잘 도와줘 감사했다며 조촐한 자리를 마련할 계획이니 꼭 참석해 달라고 했다.

마음의 갈등은 이때부터 시작되었다. 그냥 순수한 마음으로 단순하게 생각하면 석별의 정을 나누는 송별회

개념의 퇴임식 참석이 어려운 일은 아니다. 게다가 나는 평소에 생일이나 입사와 같이 기쁜 일을 축하해 주는 것은 당연하고, 장례식이나 퇴사와 같이 슬프거나 마음 쓸쓸한 일은 더욱더 챙겨 주어야 한다고 생각해 왔다. 교장 선생님이 알려주지 않으면 몰랐을 퇴임식 행사를 위원들에게 말씀하신 것은 진심으로 우리가 그 자리를 함께 해주길 바라는 마음일 수도 있겠다는 생각이 들었다.

하지만, 부정적인 여러 가지 복잡한 생각들은 가지 않는 쪽으로 마음을 기울게 했다. 퇴임식을 하면 아이 담임 선생님을 포함해 학교에 근무하는 전학년 모든 동료 선생님들이 참석하겠기에 시선이 부담스러운 자리였다. 또, 김영란법 때문에 조심스러워 풍성한 꽃다발 하나 드리지 못하고 축하장에서 식사를 해야 하는 것도 조금은 민망할 노릇인 것 같았다.

친하게 지내는 다른 운영위원과 편치 않은 자리이니 참석하지 말자며 학교 측에는 시간이 안 되어 못 가는 걸로 입을 맞춰 놓았다. 그런데 퇴임식 준비를 맡았다는 선생님으로부터 걸려온 전화를 받고 우리는 결정을 번복하게 되었다. 교장 선생님이 진심으로 마지막 자리에 초대하신 건데 학부모 운영위원 분들이 불편해서인지 한 명도 참석하지 않겠다고 하니 좀 난처하다며 다시 생각해 줄 것을 권하는 바람에 그만 마음이 흔들려 몇 명이 가기로 한 것이다.

결국 우리는 김영란법이 무서워 꽃 한 송이도 못 들고 빈손으로 퇴임식장을 찾았다. 식장에 들어서 교장 선생님이 동료 교사들뿐만 아니라 우리를 비롯해 등하굣길 안전을 책임지는 은빛지킴이 어르신까지 초대한 사실을 알게 되자 마음이 그렇게 가벼워질 수 없었다. 이렇게 우여곡절 끝에 교직원이 아니면 보기 어려운 교장 선생님 퇴임식을 지켜보았다.

진행자가 교장 선생님의 약력과 40여 년 교직 생활에 대한 경력을 소개하고, 동료 교사의 송사에 이어 교장 선생님이 오늘을 맞은 감회를 말씀하셨다. '훈장의 똥은 개도 먹지 않는다.'라는 옛말이 있듯이 교사의 길은 어렵고 고되다. 교육자로서 지내온 그간의 감회에 젖어 혹시나 눈물을 흘리면 어쩌나 싶었는데 그것은 나의 잘못된 기우였다. 어쩌면 교장 선생님은 약간 눈시울이 붉어졌는지도 모르겠다. 하지만 분위기를 돋우는 배경음악 속에서도 눈물을 훔치는 일은 일어나지 않았고 시종일관 입가에 미소가 번지고 있었다.

젊은 후배 교사들이 준비한 영상과 재미있는 안무가 곁들인 작은 축하공연을 보며 모두 박수를 치면서 웃은 뒤, 저녁 식사를 시작했다. 교장 선생님은 많은 테이블 중 우리 위원들이 앉은 자리에서 함께 식사를 했다. 교장 선생님은 꿈꾸고 있는 계획이 많았다. 며칠 뒤에는 퇴직 동기인 분들과 함께 동유럽으로 여행을 다녀올 거라고 했다. 시원섭섭한 마음 중에 섭섭한 마음이 더 적어 보였다. 그래서 보기 좋았다.

백세시대에 걸맞게 퇴임식 분위기도 변했다. 이제는 아이들 졸업식도 그 옛날 졸업식 노래를 부르며 친구들과 부둥켜안고 우는 시대가 아니지 않은가. 일을 그만두기에 모두 젊다고 생각하는 나이에 직장을 떠난다. 그래서 퇴직을 하고 집에서 쉬는 대신 이런저런 이유로 새로이 직장을 구하는 사람들이 많은 것이 현실이다. 노후 대비만 어느 정도 되어 있다면 한평생 직장에 몸 바쳐 일하느라 고단하고 바빠서 못한 취미 생활이나 정말 재미있고 의미 있는 일을 하며 남은 인생을 살았으면 좋겠다.

졸업식장에서 교장 선생님들은 항상 "졸업은 끝이 아닌 새로운 시작이다."라고 기념 연설을 한다. 나 역시 지금 퇴직을 하시는 분들께 연설을 하라고 한다면 "퇴임은 끝이 아닌 새로운 시작이다."라는 똑같은 얘기를 해드리고 싶다. 인생의 1막은 끝났으나 새로이 2막을 다시 여는 중요한 시기를 맞았다. 1막이 조금 무료했더라도 2막은 흥미진진하고 거기다 해피 엔딩으로 끝날 수 있게 노력할 시간이 아직 남아 있다.

어느 직업인들 기쁘고 보람된 일만 있었겠는가. 때로는 억울하고 하기 싫을 때도 있었겠지만 어깨를 누르는 가장이라는 책임감을 짊어지고 일터에 나갔을 것이다. 퇴직을 하면 자신이 아무것도 아닌 것 같고 초라하게 느껴져 우울증에 걸리는 이들도 있다고 한다. 더 이상 퇴임식을 끝이라 여기지 말고 제2의 인생호의 선장으로 취임했다고 여기자.

깊은 연륜과 삶의 지혜를 지니고 새로운 세계를 향해 다시 시퍼렇게 출렁이는 바다로 출항하는 그대를 위하여 건배를 제의한다.

브라보, 유어 라이프!(Bravo, your life)

식탁이 있는 삶

일주일 내내 흐렸던 하늘이 구름 한 점 없이 맑고 푸르다. 오늘 K씨가 생애 첫 보금자리에 입주하는 행복한 날이라는 걸 하늘도 알고 기뻐하는 듯하다.

그가 집 열쇠를 수령하는 오후 시간에 맞춰 집에서 사용하던 4인용 식탁을 갖다 주기로 약속했기에 깨끗이 닦아 차에 싣느라 덩달아 우리 부부도 분주하게 오후를 맞았다. 몇 년 전 오래된 부엌의 싱크대와 수납장을 교체하면서 부엌 전체를 리모델링했다. 그때, 아예 아일랜드 식탁으로 시공해 더 이상 사용하고 있던 원목 식탁이 필요치 않게 되었다.

식탁 상태가 양호해서 버리기 아까워 어떻게 활용할까 고민 끝에 거실에 두고 전화기와 오디오를 올려놓았다. 물론 책장을 살짝 가려 책을 꺼내는 데 약간 불편하고 자리를 차지하는 감은 있었지만, 아이들이 그 자리에서 공부를 하거나 책도 읽으니 그렇게라도 유용하게 사용하자 생각했다.

하지만, 드디어 때가 온 것이다. 식탁이 우리와 작별하고 새로운 주인을 만나 본연의 역할에 충실해 빛을 발할 수 있는 그 인연의 시간이 열린 것이다.

K 씨는 내게 강의를 의뢰한 곳에 근무하는 직원이다. 그는 그리 넉넉지 않은 월급과 다소 과중한 업무에 삶이 즐겁지 않아 보였다. 나는 가끔 담당자와 프로그램 관련 회의를 하느라 사무실을 방문할 때면 어깨가 무거워 보이는 그에게 반갑게 인사를 건네고 농담도 하면서 그에게 잠시나마 활력을 불어넣어 주었다. 딱히 그 누군가에게도 털어놓지 못하는 그의 가슴속 답답한 얘기들을 시간 될 때마다 들어주며 격려해 주었다. 그도 나를 보면 '좋은 기운'을 전해 받는 것 같다고 좋아했다.

어느 날 사무실을 방문했는데 K는 국민임대주택 입주자 모집에 당첨되었다는 반가운 소식을 전하며 얼굴 가득 함박웃음을 지었다. 국민임대주택은 무주택 저소득층의 주거안정을 도모하기 위해 국가재정과 국민주택기금을 지원받아 건설해 공급하는 주택으로, 재계약을 통해 30년 이상 임대가 가능하다.

그는 마흔이 넘는 노총각으로 살아오면서 경제적으로 어려워 결혼은커녕 연애도 못 하는 마당에 내 집 마련은 언감생심의 일이라며 삶의 고단함을 토로한 적이 있었다. 저소득층에 해당한다고 공식적으로 인정하게 된 현실보다도 군대를 제대한 후 국가의 혜택을 처음 받게 되었다며 기뻐하는 모습에 왠지 모르게 짠한 마음이 들었다.

그 후로 몇 번 더 방문했을 때 만난 그는 입주할 날을 손꼽아 기다리며 이사 후 질적으로 향상된 거주지에서 앞으로 전개될 생활에 대한 기대로 부풀어 있었다. 전에 살았던 오래되고 불편한 단칸방은 지금보다 더 많은 월세를 내면서도 겨울이면 내복 위에 덕지덕지 옷을 껴입고 추위와 싸워야 했다고 한다. 그는 이제 예전에 비하면 대궐같이 넓고 쾌적한 지금의 아파트에서 자신도 남들처럼 사람답게 살아볼 수 있는 기회가 주어졌다며 감격해 했다. 나는 그의 이야기를 들으며 작은 집들이 선물이라도 해주고 싶어졌다.

이런 와중에 근래 들어 거실의 불필요한 물건들로 인해 답답함을 느끼던 우리 부부는 책상으로 사용하고 있던 식탁을 마침 내 빼기로 결정하게 되었고, 어떻게 처분할까 생각하다 입주를 앞둔 K의 넉넉지 않을 살림살이에 생각이 미쳤다. 그는 나의 연락에 식탁을 보지도 않고 무조건 받겠다며 남들과 같은 일상적인 생활을 할 수 있도록 해주셔서 그저 감사하다고 했다.

오늘 우리 차에 실려 온 깨끗하고 하얀 식탁을 본 순간 K는 벌어지는 입을 주체하지 못했다. 그는 중고라고 해서 어두운 밤색 식탁에 아이들이 낙서도 해 놓은 지저분한 식탁일 거라고 생각했었다고 한다. 거기다 이미 내가 연락을 하기 전에 중고 화강암 재질의 식탁 세트를 구매했다가 식탁 상판을 깨뜨린 애석한 사건이 있었다는 것이다. 식탁 없는 의자 4개를 보니 추석 연휴 내내 얼마나 마음이 아팠을까 하는 생각이 들면서 K에게 내가 주는 식탁은 단순한 식탁 그 이상의 더 큰 의미가 있다는 것을 알았다.

식탁은 우리집 거실 한쪽에 버겁게 자리를 차지하고 있을 때보다 K의 부엌의 식탁이 놓일 공간에 제대로 위치해 있으니 한결 보기에도 좋았다. K는 전 주인이 키우던 고양이의 발톱 자국이 어지러이 찍혀 있는 의자를 식탁에 갖다 놓고 앉아 보며 어린아이처럼 웃었다. 집들이 선물로 세제와 화분을 건네고, 집안

정리가 모두 마무리된 날 저녁에 이 식탁에서 한잔 하며 자축하길 바란다는 말과 함께 와인 한 병도 주었다. K는 비록 와인 잔은 없지만, 꼭 그러하겠노라 약속하며 감사하다는 인사를 몇 번이고 계속했다.

K의 집을 나서는 우리 부부는 식탁이 꼭 필요한 사람에게 전해졌다는 생각에 흐뭇했다. 또, 그가 정말 진심으로 고마워하는 마음이 느껴져 우리마저도 행복해졌다. 여느 가정마다 평범하게 있을 것 같은 식탁을 가져보는 게 소망인 사람이 주위를 돌아보면 존재하고 있는데, 우리는 가지고 있는 것이 많다는 사실을 자주 잊고 살아가고 있구나 하는 생각에 부끄러운 마음도 들었다.

11평 그의 생애 첫 아파트 입주를 다시 한번 축하하며 안락한 새 보금자리에서 희망의 날들이 이어지길 바란다.

꿈을 향해 걷는 길

"그간 도대체 무슨 일이 있었는 줄 아니?"

새해를 맞아 바쁘다는 핑계로 자주 연락하지 못했던 선배 언니와 안부 인사를 나누려는데, 경쾌하다 못해 행복에 달뜬 목소리가 전화선을 타고 들려왔다.

선배는 몇 해 전, 강릉이라는 시장이 좁아 대관령 너머 서울이라는 큰 무대로 가족을 두고 홀로 상경해 영업의 세계에서 종횡무진하고 있는 세일즈 우먼이다. 아는 이 없는 외지에서도 벌써 좋은 실적을 내고 있는가 싶어 기쁜 마음이 들었는데, 다름 아닌 자식 일이었다.

남편과는 주말부부로 지낸다고 해도 하나밖에 없는 외아들까지 두고 서울에 진출할 수 있었던 배경에는 가까이서 늘 살펴봐주시는 친정어머니가 계셨기 때문이다. 사실 일하느라 바빴던 선배 언니의 아들은 외할머니인 친정어머니가 다 키웠다고 해도 과언이 아니다. 그 아이가 올해로 고등학교 2학년이란다.

선배 언니는 일에 치여 아이를 잘 챙겨주지 못했고, 아이는 자연스레 공부는 뒷전으로 하며 그저 놀면서 초등학교를 다니다 중학생이 되었다. 그때 선배는 내게 아이가 하라는 공부는 안 하고 방 안에 틀어박혀 컴퓨터 게임이나 하고 있어서 골치라며 답답한 심정을 토로했었다. 심지어는 게임을 하다 하다 이제는 게임 프로그램을 자기가 만들어 학교에서 원하는 친구들한테 CD로 제작해 팔고 있다며 어쩌면 좋으냐고 머리를 저었다.

나는 그래도 심성이 비뚤어지거나 나쁜 아이들과 어울려 탈선을 하고 돌아다니는 것은 아니니 너무 걱정하지 말라고 위로했다. 우리가 학교 다닐 때와는 달리 세상은 많이 변해 꼭 공부를 잘해야만 성공하며 사는 건 아니다, 언제라도 그 녀석이 정말 하고 싶은 것 하나를 찾아서 열심히 그 길을 걷는다면 행복한 일이 아니겠냐고도 했다. 게임을 잘하면 프로게이머가 될 수도 있고, 게임 CD를 만들어 팔 정도면 게임 프로그래머가 될 수도 있으니 지켜보자고 감히 후배가 선배한테 조언을 해줬다.

성적이 좋지 않았던 아이는 결국 하위권에 해당하는 고등학교에 진학했고, 선배는 약간은 창피해하며 거의 포기 조로 얘기했다. 이제는 아주 더 마음 편하게 공부 안 하는 것은 당연한 일이고, 한술 더 떠서 그 학교의 밴드부에 들어가 트럼펫에 취미를 붙이셨다고. 악기 소리가 큰 탓에 집에서 연습할 수 없다는 핑계로 학교 연습실에 가서 놀고 있다고.

나는 주야장천 집에서 컴퓨터 게임을 하며 틀어박혀 있는 것보다야 낫지 않냐며, 그래도 어디 어두운 곳에 가서 무슨 짓을 하고 있는지 모르는 것보다 학교 안에서 놀고 있으니 다행이라고 안심시켰다. 그렇게 아무런 하고 싶은 것도, 되고 싶은 것도 없다던 녀석에게 뭔가 건전한 방향으로 좋아하는 것이 생겼다니 기쁜 일이라고 반색을 표했다. 그리고, 음악을 좋아하는 사람치고 나쁜 사람이 없다더라, 이제는 트럼펫 연주자가 될 수도 있겠다고 하자 선배는 쓴웃음만 지었다.

그러던 중 정기 공연을 앞두고 인근 대학의 음대 교수가 지도 차원에서 학교를 방문했다가 아이의 연주 솜씨를 남다르게 들었다. 선배들을 능가하는 재능이 있어 보이니 좀 더 열심히 배워 보는 것이 어떻겠냐는 제의는 마침 트럼펫에 폭 빠져 있던 아이의 마음에 강렬한 불을 지폈다.

그 불길은 어두운 동굴 속에서 마냥 잠자고 있던 아이를 일으켜 세워 환한 동굴 밖 세계로 이끌어 냈다. 선배의 속을 끓였던 아들은 마침내 자신이 정말 하고 싶은 것, 해 보고 싶은 것이 생긴 것이다. 무기력하게만 지내던 아이는 스스로 엄마에게 도움을 요청해 트럼펫 개인 지도를 받고, 어렸을 때 진작 그만두었던 피아노학원도 다시 다녔다.

급기야 인근의 예술고등학교에 편입 시험을 치르고 합격하는 사건을 일으킴으로써 선배를 행복한 학부모 반열에 오르게 해 주었다. 어찌 선배만 행복하랴. 없었던 꿈을 꾸며 그 꿈을 향해 한 발 한 발 걸어 나가기 시작한 아이가 지금 가장 행복할 것이다.

요즘은 아이나 어른이나 꿈조차 없는 사람들이 많다. 꿈이 없는 사람의 하루와 꿈이 있는 사람의 하루는 똑같은 24시간이 아니다. 꿈이 없는 사람의 하루는 아무런 의미 없는 시간의 연속이지만, 꿈이 있는 사람의 하루는 목표를 향해 보다 더 가까이 다가갈 수 있게 해주는 활력 넘치는 선물이다.

꿈은 누가 시켜서가 아니라 자기 스스로 열심히 나아가게 하는 원동력이다. 그래서, 자신이 진정 원하는 것이 무엇인지 의식하는 일이 무엇보다 제일 중요하다. 그 꿈은 다른 사람과 같을 필요도 없고, 더 크고 화려해야 할 이유도 없다. 내 안의 나를 발견해 각자의 개성에 따라 가장 좋아하고 잘하는 것이면 된다.

이루고자 하는 꿈, 목표가 생겼다면 그 꿈을 이루기 위해 반드시 열정적으로 부지런히 노력해야만 할 것이다. 꿈은 꾸고만 있다고 해서 결코 이루어지는 것이 아니라 자신을 믿고 행한 만큼 이루어지기 때문이다. 열심히 노력한 사람은 설령 꿈을 실현하지 못했다고 하더라도 후회와 미련이 없어 자신에게 부끄럽지 않으며, 꿈을 꾸며 노력한 그 자체만으로도 행복이라 여긴다.

꿈꾸는 자는 아름답다. 꿈을 이루기 위해 노력하는 자는 더욱 아름답다. 새해에는 우리 모두 꿈을 향해 힘차게 걸어가는 아름다운 사람이 되길 소망해 본다.

광산에 핀 꽃

– 자서전 쓰기 수업을 마치며

미국에서 가장 인기 있는 자서전은 누구의 자서전일까? 독립선언문을 기초하고 헌법의 뼈대를 만들어 '미국 건국의 아버지'로 불리는 벤자민 프랭클린? 최초의 아프리카계 미국인으로서 미합중국의 퍼스트레이디 역할을 한 미셸 오바마? 한때 미국의 영부인이었고 미국무장관도 한 힐러리 클린턴?

아니다. 예상과 달리 학교에 다닌 적도 없는 어느 시골 할머니가 구술하여 출판한 자서전이라고 한다. 인기가 있었던 까닭은 이 세상 누구도 겪지 못한 삶의 경험과 흔적을 가지고 있었고, 장마다 생활의 지혜가 가득하였기 때문이었다. 대부분 자서전은 대통령이나 사업가 같은 유명한 사람들이나 아니면 훌륭한 업적을 세운 사람들이 쓴다고 생각하는데 그렇지 않다는 것을 말하고 싶어 하는 얘기다.

자서전 쓰기는 요즘 같은 100세 시대에 지나온 삶을 되돌아보고 정리하여 남은 인생을 다시금 계획해 보는 계기가 된다. 나의 힘들고 아팠던 인생사를 말로 풀어내고 글쓰기를 하면서 치유의 기능도 갖는다. 전쟁이나 경제적으로 힘들었던 시기의 이야기를 자신의 자손들에게 알려주는 것도 의미 있는 일이다. 자서전을 썼을 때 개인적으로 얻는 이런 좋은 점도 있지만, 사회적인 의의도 크다고 생각한다. 개인의 삶은 귀중한 역사·문화적 자료가 되기에 동시대를 살아가는 사람들에게 기록으로 남겨두는 일은 소중한 작업이 아닐 수 없다.

요즘은 자서전 쓰기 프로그램이 대중화되어 여기저기서 많이 진행되고 있으니 여러모로 좋은 현상이라고 하겠다. 나 역시 몇 해 전부터 강의를 의뢰받아 수업을 진행한 바 있는데 우리 지역 어르신들의 지난 삶을 함께 되돌아보며 작업을 할 때마다 가슴이 뭉클하고 느끼는 바가 많았다. 가족들을 먹여 살리느라 정작 자신은 돌아볼 겨를 없이 살아오신 어르신들의 고단했던 인생사를 들으며 함께 웃기도, 함께 눈물을 훔치기도 했다.

이번에 작업하게 된 곳은 강릉이 아닌 광산지역 어르신들의 자서전 쓰기 과정이어서 조금 더 특별한 수업이었다. 광산지역, 지금은 호황을 누리던 시절엔 동네 개도 만 원짜리를 입에 물고 다녔다는 전설 같은 이야기만 남아 있는 곳이 아닌가. 삼척 도계, 태백, 사북, 영월 4곳을 대상으로 했는데 나는 사북과 영월의 어르신들을 만났다.

우리는 흔히 막장 드라마, 막장 인생이라는 말을 쉽게 입에 올리지만, 광부였거나 광부를 가장으로 둔 가족들은 차마 가슴이 아파 사용하지 못하는 단어다. 탄광의 갱도 끝이자 먹고 살기 위해 그 위험한 탄 캐는 일을 하러 온 것은 인생의 가장 끝에서 선택하는 일이었다. 지하 수백 미터 아래에서 희미한 전등 하나에 의지해 석탄을 캐던 광부들은 날리는 석탄 가루를 하루 종일 마시는 열악한 환경 속에서 오로지 가족을 위해 생사의 기로를 넘나들며 일을 했다.

신고 있는 장화에 몸에서 흐른 땀이 고일 정도로 탄광 안이 더워서 답답하신 분들은 마스크를 벗어 던지고 일을 하시기도 했다고 한다. 그렇다고 그 당시 썼던 마스크가 지금처럼 그렇게 성능이 좋았던 것도 아니었다. 굴에서 나오면 몸에 있는 모든 구멍에는 새카만 탄가루가 가득 차 있어 오죽하면 일하고 나온 뒤 몸속에 쌓인 탄가루가 씻겨 내려간다고 생각해 먹었던 음식이 돼지고기였을까. 이제는 지하에서 나와 지상의 맑은 공기를 마시며 사는가 싶었는데 안타깝게도 진폐증이라는 직업병으로 고생하시는 분들이 많이 계신다.

산업화시대에 성업을 이루던 광산을 매개로 번성했던 탄광촌이 무너지자 그곳에서 살아온 사람들의 역사도 사라지는 중이다. 여러 위험 부담을 안고 살아온 탄광촌 사람들의 자기 증언을 통한 역사는 그들의 몸을 시커멓게 했던 탄가루처럼 어둡지만은 않다. 아픔과 눈물이 묻어나긴 했어도 그 속에는 그들의 청춘이 있었고, 사랑이 있었다. 자신의 한 몸을 희생해 처자식 배를 곯지 않게 하고, 아들딸 학교에 다니게 하는 기쁨과 행복이 있었다.

꼭 역사의 한 페이지를 차지했었던 광산지역 어르신들의 삶만 존귀한 것이 아니다. 어디에서라도 그 시대의 바람을 온몸으로 맞으며 열심히 저마다의 꽃을 피워주신 분들의 삶 모두가 감사하다. 많이 배우지 못하고 늙어 별 볼 일 없는 노인네라 여기는 어르신들이 계셔서 우리가 지금 편안히 이 꽃동산 같은 시대를 누리며 살아가고 있다. 굴곡진 인생길을 걸어오면서도 절대 포기하지 않고 향기로운 꽃을 피워내신 것에 대해 뜨거운 박수를 보낸다. 그리고, 아직도 인생은 끝나지 않았다.

뭐 시뻘겋게 타올라 사람들이 환호하는 일출만 멋있는 줄 아나
눈부신 한낮의 뜨거운 햇살만이 좋은 줄 아나
은근한 장작불같이 지는 저녁 해도 멋있기는 매한가지여
해가 져야 달이 뜨고 별이 뜨는 걸 알기나 하나

-「석양을 바라보며」 전문

잊지 못할 헌다례(獻茶禮)

같은 다우회(茶友會) 회원 중에 정선에서 강릉을 오가며 차 활동을 하는 분이 계시다. 선배 기수라 그렇게 대화 나눌 일도 없었고, 그저 작년에 같은 차 수업을 들으며 얼굴 보면 인사하는 게 고작인 사이였다. 눈이 마주치면 유독 반가워해 주신다는 건 알고 있긴 했어도 어쩌다 가끔 나의 웃는 얼굴이 예쁘다는 칭찬을 스치며 해주는 게 우리 관계의 전부라면 전부다.

그런데, 1주일 전이었다. 허균·허난설헌 기념공원 내에는 강릉차인연합회가 운영하는 '난설헌 차(茶)방'이 있다. 강릉의 차인 단체 회원들이 일주일씩 돌아가며 요일별로 조를 짜 관광객과 시민들에게 한복을 입고서 전통차(녹차)를 대접하는 봉사활동을 한다. 우리 다우회도 차방 봉사를 하는데 갑자기 그분으로부터 전화 연락이 온 것이다. 자신이 오늘 차방에 왔는데 혹시 시간이 되면 잠깐 들렀다 갈 수 있느냐고. 몸이 좀 피곤해 가기 귀찮았지만, 개인적인 연락을 전혀 하지 않고 지내던 선배 기수분이 그리 말씀하시니 다음 기회로 미루자고 하기도 뭐했다.

청바지 차림에 모자를 푹 눌러쓰고 갔더니 차와 약간의 과일을 쟁반에 담아 나오며 따라오라고 했다. 어리둥절해 하는 나를 데리고 간 곳은 허난설헌의 영정이 모셔져 있는 곳이 아닌가. 해마다 이곳에서 강릉시 여성단체협의회 주관으로 난설헌의 시혼과 예술적 재능을 기리는 추모 헌다례(獻茶禮)가 열리기는 하는데, 관리자분께 허락을 받고 들어와 이 영정 앞에 사적으로 서 있기는 처음이었다. 그분이 진지한 표정으로 내게 차를 올린 후 절을 하라고 해서 하라는 대로 하긴 했는데 여간 어색하지 않았다.

의식을 마치고 물러 나와 들은 사연은 이랬다. 어찌하다 내가 글을 쓰는 사람이라는 것을 알게 된 그분은 조선 시대의 최고 여류시인인 난설헌 허초희(楚姬)에게 나의 문운(文運)을 비는 마음을 담아 차를 올려 드리고 싶은 마음에 마련했다는 거였다. 그 얘기를 들었을 때 나는 감동 받지 않을 수 없었다. 피를 나눈 가족도 아니고, 안 보면 못살 정도로 친한 사이도 아닌데 나를 위해 이런 수고를 자처해주다니 고마우면서도 솔직히 내가 그분께 이런 챙김을 받아도 되는가 싶었다.

그날 이후 1주일째인 오늘은 내가 차방 봉사하는 날이었는데 마침 그분과 처음으로 한 조가 되었다. 그분은 다시 내게 연락해 지난번엔 청바지 차림이었으니 우리가 차방 봉사 나오는 날 한복을 제대로 갖춰 입고 다시 한번 제대로 올리자고 했다. 사실 나는 그때 한 번으로도 만족했는데 미진했던 예(禮)를 다해 다시 하자는 말을 거절할 수 없었다. 이번에도 나는 아무것도 준비할 것 없이 몸만 오라고 했지만 미안한 마음에 과일은 내가 준비해 가겠다고 했다.

바로 오늘 그렇게 우리는 경건한 마음으로, 의관도 제대로 갖춰 입고 차와 과일을 난설헌에게 올렸다. 영문도 모르고 따라가 마음의 준비도 없이 꾸벅 절을 했던 그날과 달리 오늘은 나도 마음 자세가 달랐다. 난설헌의 영령이 차 한 잔 잘 받아 마시고 모자란 나의 재능에 그녀의 천재성을 조금 나눠 주실지는 알지 못한다. 그래도 강릉의 후배 문인이 이렇게 정성을 들이니 가상하다 생각하시고 어엿비 여겨 좀 도와 달라는 마음을 담아 차를 올렸다.

강릉 노추산에는 그곳에서 공부해 아홉 번의 과거에 모두 장원 급제를 한 율곡 이이 선생의 구도장원비(九度壯元碑)가 세워져 있는데 조선 시대에도 유생들이 이 비문을 보면 관운이 있다고 해 합격을 기원하러 많이들 찾았다고 한다. 그분은 딸이 큰 시험을 앞두고 있었을 때 정선에서 강릉의 구도장원비까지 찾아와 차를 올렸고, 지금 이곳의 허난설헌에게도 차를 올리며 딸의 시험 합격을 기원했었다는 얘기를 들려주었다.

우연의 일치일는지 모르겠지만 딸은 시험에 합격했다. 물론 어디 영험한 곳이라는 데 가서 어머니가 빈다고 해서 다 붙으라는 법은 없다. 열심히 애쓰고 있는 자식을 위해 아무것도 해줄 수 없는 부모가 천지신명이든 누구한테든 정성(精誠)을 들이며 우리 좀 굽어살펴 달라고 애원하는 거다. 오죽하면 '정성이 지극하면 동지섣달에도 꽃이 핀다.'라는 속담이 전해져 내려올까.

몇 해 전 영화 「역린」에 나온 대사 가운데 '중용 23장'의 구절이 관객들에게 깊은 감명을 준 적이 있다.

> 작은 일도 무시하지 않고 최선을 다해야 한다. 작은 일에도 최선을 다하면 정성스럽게 된다. 정성스럽게 되면 겉에 배어 나오고,

겉에 배어 나오면 겉으로 드러나고, 겉으로 드러나면 이내 밝아지고, 밝아지면 남을 감동시키고, 남을 감동시키면 이내 변하게 되고, 변하면 생육 된다. 그러니 오직 세상에서 지극히 정성을 다하는 사람만이 나와 세상을 변하게 할 수 있는 것이다.

작은 일에 온 정성을 기울여 최선을 다하면 큰뜻을 이룰 수 있고 결국 세상을 변화시킬 수 있다는 의미로 읽힌다.

그분은 벌써 남인 나를 감동시켰고, 내 마음도 움직였다. 차를 드린 난설헌에게 바라는 바는 어찌 될지 모른다. 하지만, 앞으로 글을 쓰며 살아가면서 나의 문운(文運)을 빌며 차를 올리고자 한 그분의 정성 어린 고마운 마음은 잊히질 않을 것이다.

살며, 사랑하며, 배우며

마음의 결

도예 공방에 가는 날이면 아침에 손톱을 바짝 깎고 간다. 손톱이 길면 도자기를 빚을 때 불편할뿐더러, 작업을 마친 후에는 손톱 밑에 때가 낀 마냥 들어간 흙이 잘 빠지지 않아 곤란해지기 때문이다.

공방에 들어서면 앞치마를 두르고 제일 먼저 작업대에 사용할 물을 떠 놓는다. 선생님이 공방 한 귀퉁이에 있는 흙을 넣은 진공 토련기를 작동하면 그 소리가 그렇게 요란할 수가 없다. 이 작업은 흙 속에 있던 공기가 완전히 빠져나오게 해 주어서 도자기 원형에 균열이

가거나 파손이 되는 것을 막아 주는데, 마치 방앗간의 기계에서 떡가래가 뽑아져 나오는 듯한 재미있는 모양새다.

가는 철삿줄에 나무 손잡이가 달린 쩰줄로, 잘 치대어져 나온 굵은 나무 크기의 진흙 덩어리에서 필요한 양만큼 흙을 잘라 낸다. 이때, 아무렇게나 흙덩어리를 잘라 내려고 들면 흙덩어리가 잘 잘라지지 않고 힘만 든다. 억지로 잘라 냈다고 해도 잘라진 흙의 단면은 깔끔하지 못하고 울퉁불퉁하다. 선생님 말씀에 의하면 흙에도 결이 있는데 그 결대로 잘라주지 않았기 때문이라고 한다.

작업대에 올려놓은 손물레 위에 나무판을 얹어 놓고 시일이 지난 신문지 한 장을 갖고 온다. 잘라온 흙덩어리를 밀대로 밀어서 흙판을 만들어 나무판 위에 올려놓게 되는데, 성형하는 동안 흙의 수분을 제거하기 위해 크기에 알맞게 신문지를 깔아 놓는 것이다. 그런데, 이 얇은 신문지를 가위나 칼을 이용하지 않고 그냥 손으로 찢을 때도 요령이 필요하다. 아무 생각 없이 막 찢으려 들면 생각과 다른 방향으로 찢어지게 된다. 종이인 신문도 결이 있어서 그 결대로 찢어야 내가 원하는 모양과 크기로 자를 대고 찢은 마냥 잘 찢을 수 있다.

어디 도자기를 빚을 때 사용되는 흙과 종이에만 '결'이 있으랴.

둘러 보면 우리 삶 속의 모든 것에는 결이 있다. 나무에는 나뭇결이, 구름에는 구름결이 있다. 물에는 물결이 있고, 바람에는 바람결이 있다. 우리 사람도 머릿결과 살결을 갖고 있어, 비단결 같은 머리카락과 도자기 같은 피부를 갖겠다고 공을 들이는 여인들이 많지 않은가. 하지만, 더 중요한 것은 겉으로 드러나 보이는 결을 매만지는 것보다 매사에 흥분해 거친 숨결이 아닌 평온하고 고른 숨결로 살아가도록 일상을 대하는 '마음결'을 매만지는 일이다.

사전에서는 일반적으로 결을 바탕의 상태나 무늬라고 말한다. 원하는 형태로 도자기를 빚은 후에는 도자기 표면에 여러 가지 기법으로 바탕을 꾸미거나 무늬를 넣을 수 있다. 흔히 알고 있는 방법에는 도자기 표면에 밑그림을 그린 다음 문양을 제외한 배경을 긁어내는 양각, 도자기 표면에 원하는 문양을 오목하게 파서 나타내는 음각이 대표적이다. 나는 개인적으로 도장에 문양을 새겨 도자기 표면에 찍어 내는 인화 기법과 백토를 입힌 '귀얄'이라는 두꺼운 붓을 사용해서 도자기 표면에 입혀 시원시원하게 지나간 붓질이 매력인 귀얄기법을 좋아한다.

마음결은 그 어떤 재능과 기술보다도 선행되어야 한다. 빚는 사람의 기술력을 떠나 처음에는 누구나 똑같이 주어진 흙으로

원 바탕을 성형해 낸다. 그러나, 어떠한 기법으로 얼마만큼 공을 들여 다듬고 또 다듬느냐에 따라 작품의 가치는 달라지게 된다. 비록 성형을 한 처음에는 평범하여 보잘 것 없는 것 같아도 온화한 숨결을 불어넣으며 자신의 마음결을 따라 무늬를 넣고 꾸미다 보면 한결 나아지고 더 나아가서는 훌륭한 작품으로 거듭나기도 한다.

이렇게 섬세하고 고된 작업 과정을 거친 도자기는 오랜 세월이 지난 지금까지도 아름다운 빛을 잃지 않는 명품 미술품으로 사랑을 받고 있다. 반대로 거친 숨결과 마음결이 낳은 도자기는 시장에서 파는 값싼 그릇이 되기도 하고, 심지어는 가마에서 나오자마자 그 자리에서 바로 도공에 의해 깨지는 운명을 맞기도 한다. 도자기뿐만 아니라 우리 인간의 가치도 이 마음결을 따라 정해짐을 안다면 지금보다 더 다듬고 매만지는데 전념할 게 분명하다.

결에는 방향이 있다. 나뭇결을 따라 나무를 매만지면 매끈매끈하지만, 방향을 거슬러 만지면 가시가 손에 박힐 수도 있을 정도로 거칠다. 헤엄도 물결 따라 해야 쉽고, 비행도 바람의 방향대로 해야 순조롭다.

마음결도 방향이 있기는 마찬가지다. 이 세상의 사람들은 생김

새가 모두 다르듯이 마음의 결도 다 다르다. 다른 사람과의 모든 불화(不和)와 반목(反目)은 상대방의 마음결과 다른 방향을 주장하고 고집하기 때문이다. 상대방의 마음결을 잘 읽어서 상대방이 무엇을 원하는지 알고 헤아려 같은 방향으로 마음결을 모아 준다면 우리의 더불어 사는 삶이 더욱 부드럽고 평화로울 것이다.

"부드러운 양털은 만지고 싶으나, 억센 염소털은 만지고 싶지 않다. 마음도 부드러워야 스치고 싶고 가까이 대하고 싶다."는 말이 있다. 지금 우리의 마음은 어떠한가. 감촉이 좋아서 다른 사람이 곁에 다가와 자꾸만 어루만져 보고 싶어 하는 부드러운 마음인가 아니면, 조금만 스쳐도 상처를 낼 정도로 따가워 가까이하기를 꺼리게 하는 거친 마음인가.

이제 다 빚은 도자기는 그늘에서 서서히 자신의 몸을 말린 뒤 가마 안에 들어가 가부좌를 틀고 앉을 것이다. 그러고는 높은 열에 온몸을 내맡기고 열반에 들게 될 것이다. 그 인고의 시간을 견디는 도자기에 대한 인간의 예의로 나는 마음의 결만이라도 가다듬고 있으련다.

이카루스의 날개

이게 도대체 얼마 만인가.

결혼하고 나서 첫 비행이니 어느새 16년. 참 눈 깜짝할 사이에 세월이 이만큼 흘렀다. 아이들이 많이 어렸을 때는 혹여나 내가 다치기라도 한다면 대신 아이들 봐 줄 사람이 없어서, 아이들이 조금 컸을 때는 주말이면 아이들 손 잡고 여기저기 돌아다니며 함께 놀아주다 보니 할 수 없었다.

이제 둘째도 어느 정도 컸다 싶어 더 늦기 전에 창고에서 긴 시간 동안 잠자던 공주 아니, 기체를 깨웠다.

생각해 보면 습기에 곰팡이라도 슬었을까 봐 남대천 둔치에서 햇볕을 쬐어준 것도 몇 번 되지 않는다. 당시에는 비싼 가격을 주고 장만했던 나의 날개가 선배들의 우려와 달리 삭지 않고 아직도 바스락 소리를 내어주어 그저 고마울 따름이다.

누가 그랬다, 세상은 넓고 할 일은 많다고. 이렇게 뒤늦게 결혼을 할 줄 꿈에도 몰랐던 나는 친구들이 아이 낳아 기르고 있는 동안 지상에서 할 수 있는 여러 가지 것들을 해보며 살았다. 인간사에 지친 날, 하늘을 자유롭게 훨훨 날아가는 한 마리 새를 바라보노라면 그렇게 부러울 수 없었다. 꽉 막혀 있는 쇳덩어리 비행기가 아닌 맨몸으로 하늘을 노닐고 싶었다. 그래서 마지막 차례처럼 도전한 것이 패러글라이딩(Paragliding)이다.

패러글라이딩은 낙하산과 행글라이더의 장점을 더하여 만들어 낸 항공 스포츠로 별도의 동력 장치 없이 패러글라이더를 타고 활강하는 레포츠이다. 패러글라이딩은 일정 고도가 확보되어야 이륙이 가능하기 때문에 경사진 산에서 많이 즐긴다. 아무래도 야외에서 즐기는 레포츠이다 보니 기상 특히 바람의 영향을 많이 받는다. 바람이 맞지 않는 날이면 하릴없이 앉아 기다리다 시간이 한참 지난 후에야 겨우 타고 내려올 때도 있다. 운이 나쁘면 어떤 날은 하루 종일 기다린 보람도 없이 결국 공치고 하산

하기도 한다.

나도 처음 패러글라이딩에 입문했을 때 산 위에서 많은 번민과 고뇌의 시간을 가졌다. 직장인이라 주말밖에 비행할 시간이 없기에 다른 모든 일을 제쳐두고 이륙장에서 죽치고 앉아 비행에 적합한 바람을 기다리는 일은 인내의 힘을 키우는 수행의 시간이었다. 그때 미당 서정주 시인의 '나를 키운 건 팔 할이 바람'이라는 구절이 정말 가슴에 와 닿았다. 허탕이라도 치고 내려온 날에는 비행을 접을까도 심각하게 고민했었지만 이미 그 매력에 빠진 뒤였다.

그래서 패러글라이더를 짊어지고 고도 확보를 위해 산에 오르기 불편하고, 바람이라는 기상의 영향을 너무 많이 받는다는 단점을 극복하고자 인간은 또 꾀를 냈다. 바로 프로펠러 추진기를 장착해 평지 어디에서든 이륙할 수 있는 모터 패러글라이더를 개발한 것이다. 동호인들 중에서는 기상 영향에서 자유롭고자 동력과 무동력 패러글라이딩 2가지를 모두 하는 사람도 있지만, 우리 부부는 모터 패러글라이딩을 좋아하지 않는다. 그렇게 시끄러운 엔진 소리를 내며 가공의 힘으로 비행하는 것은 친자연적인 삶을 추구하는 우리에겐 맞지 않기 때문이다.

그리스 신화에는 최초로 하늘을 난 2명의 인간에 대한 이야기가 나온다. 그리스 최고의 건축가이자 기술자였던 다이달로스는 크레타섬의 미노스 왕의 명령으로 한 번 들어가면 절대 빠져나올 수 없는 미궁(謎宮)을 만들었다. 하지만, 미노스 왕의 노여움을 사게 되어 다이달로스는 아들 이카루스와 함께 자신조차도 길을 알지 못하는 미궁에 갇히게 된다.

아버지 다이달로스는 바닥에 떨어져 있는 새의 깃털들을 양초의 밀랍으로 붙여 날개를 만들어 탈출을 감행한다. 아버지는 아들에게 "너무 낮게 날면 바다의 물기에 의해 날개가 무거워지고, 너무 높이 날면 태양의 열에 의해 밀랍이 녹아버리니 항상 하늘과 바다의 가운데로 날아야 한다."라고 단단히 주의를 주었다.

둘은 하늘을 날아올랐고 미궁을 탈출하는 데 성공했다. 하지만, 하늘을 나는 것에 마음이 팔린 이카루스는 태양에 가까이 점점 더 높이 날아올랐다. 마침내 이카루스는 너무 높이 나는 바람에 밀랍이 녹아 바다에 떨어져 죽고 만다. 우리는 이카루스의 이야기를 통해 인간의 끝없는 과욕을 경계해야 함을 배운다.

하늘은 자유와 꿈과 희망의 상징이기도 하다. 그래서 인간이 하늘을 날고 싶어 하는 것은 원초적인 욕망이 되었는지도 모른다. 꿈을 이루는 것은 좋으나 지나친 욕망은 우리를 추락시킬 뿐만 아니라 곁에 있는 타인의 가슴에 상처를 줄 수도 있다. 알맞은 바람을 인내해 기다리고, 비행하는데 과욕을 부리지 않고, 날개를 잘 접고 내려올 때를 알아야 하겠다.

동풍(東風)이 분다.

한동안 접었던 날개를 펴고 비행하기 참 좋은 날이다.

나의 첫 손님

어쩌면 작년에 야외 찻자리에 참가했어야 했는데 억지 핑계를 대고 불참한 벌을 받은 건지도 모른다. 이번 다도대학원의 중국 차 문화 답사도 가지 않으려다가 그만 동기생들이 거의 다 가는 분위기에 휩싸여 신청한 것이 화근이었다.

남들 앞에서 찻자리를 하는 것도 아직은 내키지 않고, 연습 부족이라 격불(擊拂)이 잘되지 않고 있는 내가 차 문화 교류 시연 팀에 선정되는 사태가 벌어졌다. 그때부터 기대되는 즐거운 중국 답사가 아니라 아주 그냥 한숨이 내쉬어지는 부담 백배의 답사로 변해 버렸다.

올해는 말차(抹茶) 다례를 배우고 있는데, 말차는 녹차와 달리 찻잎을 건조해 줄기를 제거한 뒤 곱게 가루를 내 물에 타 먹는 차를 말한다. 말차는 흡사 우유 거품을 올린 카푸치노처럼 격불이라는 행위를 통해 고운 거품을 잘 만드는 것이 관건이다.

찻상을 포함한 다구 일체와 한복 때문에 캐리어를 2개나 가져가야 하고, 세 명이 모여서 시연할 다례 순서를 암기하고 동작을 맞춰보는 연습을 하는 것까지는 괜찮았다. 문제는 격불인지라 가기 전날까지 남편을 앉혀 두고 거품을 잘 내기 위한 연습을 했다. 첫날 엉성한 거품의 말차를 받아 마시며 웃었던 남편은 마지막 날 말차를 마시며 중국에 가서 오늘 자기한테 만들어 준 것만큼만 하면 되겠다며 성공적인 시연을 기원해 주었다.

드디어 중국에서 차 문화 교류를 하게 되었다. 찻집 같아 보이는 곳에 도착하자마자 우리는 부리나케 한복을 갈아입고 한 보따리의 다구를 들고 시연 장소에 들어섰다. 많은 사람들이 지켜보는 가운데 손님 맞을 찻자리를 마련하는 나의 가슴은 마구 두방망이질을 했다.

내 생애 첫 찻자리 손님이 우리나라 사람도 아니고, 오늘 처음 보는 중국 남성이 될 줄이야. 그의 시선을 느끼며 다구를 만지는 나의 손은 살짝 떨렸지만 순서는 잊지 않아 다행이었다. 하지만, 많이 긴장한 탓인지 어깨에 힘이 들어가고 손목이 경직되어 잘 되질 않았다.

그래도 옆의 사람과 다례 순서를 맞춰야 해서 격불을 멈추고 손님상에 미완의 차를 내놓았다. 소복하게 눈이 쌓인 것처럼 미세한 거품이 만들어졌어야 하는데 그러질 못했다. 한국에서 연습할 때도 오늘처럼 기포가 왕방울만 하게 보이는 이런 형편없는 말차를 만들지는 않았었는데 최악이었다. 차 마시기를 권하는 나의 얼굴은 웃고 있었으나 창피함을 참느라 화끈거렸다.

가만히 고개 들어 본 옆자리 다른 손님들은 아침부터 함께 이동한 사복을 입은 공무원 분들이었고, 내 앞에 있는 손님만 중국 전통 의복을 차려입은 여기 와서 처음 보는 분이었다. 나의 손님은 바로 차를 마시는 다른 손님들과 다르게 그다지 예쁘지 않은 내 찻사발을 들고 이리저리 돌려보며 감상한 뒤 말차의 거품을 한참을 바라보았다.

거친 기포의 거품을 다른 누가 볼세라 빨리 마셔서 없애 주기를 바라는 내 마음을 알 리 없는 손님은 예를 다해 천천히 한 모금씩 공들여 마셨다. 차를 다 마신 손님은 말이 통하지 않는 내게 엄지손가락을 치켜세워 주며 고개를 숙여 인사했다. 나는 그저 더욱 부끄러울 따름이었다.

시연을 마친 후 한복을 갈아입고 나왔더니 벌써 중국 차 시연이 끝나가고 있는 중이었다. 그런데 중국 차 시연자가 바로 내 손님이 아닌가. 거기다 카메라에 사진을 담다가 눈에 들어온 테이블보에는 차 시연을 하는 내 첫 손님의 콧수염까지 비슷하게 프린트되어 있었다. 통역사에게 물어보자 캐릭터의 주인공이 바로 나의 손님이라고 대답을 했다.

그는 이 전통 찻집의 운영자이자 차를 생산해, 심지어 자신의 이름과 얼굴을 내건 차 브랜드로 가공·판매까지 하고 있는 내게 정말 과한 손님이었던 것이다. 아무튼 정신을 차리고 정리해 보자면 내가 엉망진창의 말차를 강릉의 커피 장인과 같은 존재의 손님께 내어 드린 격이라는 얘기였다. 나는 또다시 부끄러움의 도가니에 빠질 수밖에 없었다.

중국인은 말차를 대체적으로 마시지 않아 맛을 잘 모를 테니 괜찮다고 동기생이 위로를 해주었으나 귀에 들어오지 않았다. 차 연구를 많이 한 사람이라면 어느 정도는 알 것이고, 혹 그가 몰라도 하늘이 알고 내가 알기 때문이다. 그가 차라리 격불을 잘한 옆자리 동기생의 손님으로 가 앉았다면 말차의 깊은 맛을 제대로 맛볼 수 있었을 텐데 하는 생각이 들며 미안한 마음이 들었다.

나의 찻자리 첫 손님 덕분에 내게 또 하나의 목표가 생겼다. 말차의 격불을 더 연마해 나중에 꼭 개인적으로 그곳을 다시 찾아가겠다. 그날 나의 잊을 수 없는 손님께 제대로 된 말차를 내어 드리며 함께 차향(茶香)에 취하고 싶다.

해금(奚琴) 이야기

나는 음악이라면 우리의 전통 음악인 국악을 비롯해 여러 장르의 음악을 좋아한다. 언제부터인가 마치 깊은 밤 슬픔에 겨워 우는 소리와 같아서 애절한 느낌을 주는 해금 연주 음악이 가슴에 부쩍 와 닿았다. 직접 연주해 보고 싶은 간절한 마음이 뜻을 이뤄 몇 년 전부터 소원이었던 해금을 배우고 있다.

해금은 작은 울림통에 세로로 58㎝ 길이의 대나무(立竹)를 세우고 울림통과 대 사이에 명주실로 만든 두 개의 줄을 연결하여, 그 사이에 말총으로 만든 활대로 문질러서 소리를 내는 찰현(擦絃)악기이다. 오른손은 활대로 줄을 마찰시키고, 왼손은 두 줄을 한꺼번에 감아 잡고 쥐거나 떼면서 음높이를 조절한다.

5월 21일은 둘(2)이 하나(1)가 된다는 의미를 지닌 '부부의 날'이다. 해금을 어루만지며 연주할 때면 부부간의 사랑에 대해 다시 한번 생각해 보게 된다.

해금의 아랫부분에는 대나무 뿌리통에 지름 8㎝ 정도의 오동나무 울림판(腹板)이 붙어 있다. 이 통의 위쪽에 구멍을 낸 뒤, 그 속에 쇠막대를 꽂아 줏대(立竹)를 세워 고정시켜 놓았다. 소위 스피커 역할을 하는 양쪽으로 뚫린 공명통의 한쪽 입구는 열어 두고 한쪽 입구는 얇게 다듬은 오동나무 울림판을 붙인다.

만약 공명통인 대나무 뿌리통이 속이 비어 있지 않고 꽉 차 있다거나, 2개의 구멍 중 한쪽은 막혀 있지만 다른 한쪽이 열려 있지 않다면 아름다운 해금 소리는 들을 수 없을 것이다. 부부의 생각이나 마음도 이렇듯 자신만의 생각으로 가득 차 있는 이기적인 사랑이어서는 안 된다. 상대방의 의견을 잘 받아들일 수 있는 열린 마음으로 사랑을 해야만 한다.

오히려 비어 있기 때문에 맑고 아름다운 소리가 크게 공명 되어 울리듯이, 상대방에 대한 기대와 욕심을 비우고 열린 마음으로 대하면 부부간에 울림이 큰 사랑의 하모니를 연주할 수 있다.

작은 울림통 위에 우뚝 서 있는 듯한 긴 줏대의 윗부분은 약간 구부러진 모양이다. 그 아래쪽에 줄을 감는 두 개의 나무로 만든 주아를 끼우고, 위쪽 주아에는 약간 굵은 줄을, 아래쪽 주아에는 그보다 가는 줄을 건다.

명주실을 꼬아 놓은 두 개의 줄은 때때로 마술을 부린다. 음악을 들으며 연주하는 사람의 앞에서 보면 꼭 한 줄만 걸려 있는 것처럼 보이기 때문이다. 하지만, 가까이 옆에 와서 살펴보면 두 줄이 걸려 있음을 알게 된다.

칼릴 지브란의 『예언자』 중 '결혼에 대하여'라는 유명한 글이 있다.

> 함께 있되 거리를 두라. 서로 사랑하라. 그러나 사랑으로 구속하지는 말라. 함께 노래하고 춤추며 즐거워하되 서로를 홀로 서 있게 하라. 마치 현악기의 줄들이 하나의 음악을 울릴지라도 줄은 서로 혼자이듯이 서로 마음을 주라. 함께 서 있으라. 그러나 너무 가까이 서 있지는 말라. 사원의 기둥들도 서로 떨어져 있고 참나무와 삼나무는 서로의 그늘 속에선 자랄 수 없다.

사랑한다고 해서, 결혼했다고 해서 상대방의 영혼이 나의 소유

물이 된 것처럼 상대방을 억압하고 속박해서는 안 된다. 부부는 각각 독립적으로 존재의 빛을 발하면서도 두 사람이 함께 큰 나무로 성장해 나가야 한다. 해금의 두 줄이 하나처럼 보이듯 두 사람의 마음을 하나로 맞춰 살아가도록 노력하는 것이 지혜로운 결혼 생활의 지름길이다.

소리를 내려면 대나무로 만든 활대에 말총을 단 활이 있어야 한다. 이 활을 안줄(中絃)과 바깥줄(遊絃) 사이에 넣고 문질러서 소리를 내는데, 탄력을 유지하고 활이 미끄러지지 않게 때때로 송진을 발라 준다.

누구나 그러했겠지만 처음에는 제대로 된 소리가 나오질 않아서 본의 아니게 가족들의 귀를 고통스럽게 해야만 했다. 저녁마다 연습한다고 끽끽 꺽꺽대며 소음공해를 일으켰으나, 덕분에 이제는 제법 들어줄 만한 소리가 나서 가끔 박수도 받는다.

결혼은 각자 다른 환경에서 20년 이상을 다르게 살아온 남녀의 결합이다. 쌍둥이 간에도 차이가 있는 마당에, 거의 모든 습관이 다를 수밖에 없다. 비록 초반에는 티격태격하며 불협화음이 생길 수도 있으나, 각자 독립된 존재로서 서로의 다름을 인정하고 존중하다 보면 어느덧 집안에는 소음이 아닌 아름다운 음악이 흐르는 날이 오게 된다.

해금은 다른 악기와 달리 일정한 음 자리가 없이 다만 줄을 잡는 손의 위치와 줄을 당기는 강약에 따라 음높이가 정해진다. 그렇기 때문에 연주할 때마다 수시로 조율해 주어야 하는 수고로움이 따른다.

그렇지만 해금은 현악기이면서도 관악합주는 물론, 궁중음악과 민속음악에 이르기까지 가장 폭넓게 연주되며 예나 지금이나 사랑받고 있다. 기타, 첼로, 피아노 등 서양의 악기와도 잘 어우러지는 악기가 바로 해금이다.

결혼은 예물 반지를 사서 서로의 손에 끼워 주었다고 해서 사랑과 행복에 대한 완성품을 산 것이 아니다. 인생은 미완성이라고 노래한 이도 있지만, 결혼도 우리의 생이 다할 때까지는 미완성이다. 그렇기 때문에 사랑의 콩깍지가 벗겨진 후부터 평생 동안 진정한 사랑과 행복의 완성을 위해 노력하고 또 노력해야만 한다.

음이 정해져 있지 않아 연주자가 음을 찾아가고 만들어가야 하는 해금처럼 부부도 유연하게 서로의 사랑과 행복을 온전히 두 사람의 손을 맞잡고 만들어 나가야 한다. 또, 한 번 조율한 걸로 끝이 아니기에 평생 동안 끊임없이 서로 배려하고 인내하며 서로를 조율해 주어야 한다.

우리나라의 부부의 결혼 생활은 큰 위기를 맞고 있다. 젊었을 때는 성격 차이로, 경제문제로, 외도 등으로 이혼하고, 늙어서는 황혼 이혼을 하고 있는 실정이다. 가정은 사회의 디딤돌이라고, 한 가정의 부부의 삶이 잘 조율되어 아름다운 음악을 연주하게 된다면 그 소리를 들은 다른 부부의 삶에도 잔잔한 감동을 주고 그들의 삶을 돌아보고 조율하는 데 도움이 될 것이다.

'부부의 날'인 오늘, 부족한 실력이지만 늘 격려해 주는 남편을 위해 사랑의 마음을 가득 담아 해금 한 곡을 연주해 주어야겠다.

Again, 학전 Again, 청춘

- 안치환 콘서트 관람기

모든 것이 오랜만이다. 내가 좋아하는 가수의 단독 공연을 보러 서울에 가는 것도, 결혼 전 남편과 공연 데이트를 할 때처럼 아이들 없이 둘이서만 가는 것도.

나는 가수 안치환의 오래된 팬이다. 외모는 아이돌급이 아니어도 가슴을 울리는 그의 곡과 힘 있는 목소리에 매료된 내겐 그가 멋있기만 하다. 결혼 전에는 고속버스에 몸을 싣고 그의 공연을 찾아다닐 정도로 좋아했었는데 결혼 직전 남편과 함께한 서울 콘서트가 마지막이었던 것 같다.

이번 공연은 'Again, 학전 콘서트'로, 10여 개의 팀과 솔로 가수가 두 달 가까운 시간 동안 공연을 하는 릴레이 콘서트다. 소극장 라이브 문화의 산실이라고 할 수 있는 학전의 2021년 개관 30주년을 앞두고 지난 공연 레퍼토리를 돌아보는 콘서트에 안치환 님도 공연한다기에 이번 공연은 무슨 일이 있어도 꼭 가고야 말겠다는 강한 의지로 예매에 성공했다.

공기 좋고 물 맑은 곳에 사는 지방민은 문화생활을 위해 만만치 않은 입장권 외에도 교통비를 더 지출해야 하는데 그래도 이번엔 동계올림픽 덕분에 생긴 고속열차(KTX)를 타고 서울에 갈 수 있게 되어 시간은 벌었다. 청량리역에 도착해 지하철을 갈아타느라 20대 때는 배낭을 메고도 가뿐하게 오르내린 계단을 이제는 가쁜 숨을 몰아쉬며 건노라니 세월의 흐름을 느꼈다.

공연장에 마침맞게 도착해 들어가자 팬클럽 회원으로 보이는 분이 야광 팔찌를 나눠주며 준비해 둔 음료를 갖고 들어가라고 했다. 음료수는 일반적인 생수가 아닌 어르신들이 좋아하실 것만 같은 헛개수로 만든 건강음료였다. 괜히 웃음이 터져 나왔는데 그러고 보니 팬클럽 회원이라는 분들도 나보다 연장자였다.

내 자리는 약간 뒷줄이었다. 그래도 소극장은 무대와 객석의 거리가 숨소리가 들릴 정도로 가까워서 걱정할 필요는 없었다.

설레는 마음을 진정시키며 자리한 관객들을 훑어보았다. 이곳을 찾은 나를 포함한 그의 열혈팬들은 나이 지긋하여 머리숱은 적어지고 얼굴엔 훈장처럼 주름살이 수놓아져 있었다. 안치환 님은 50대 중반의 나이에 30여 년을 뮤지션으로 살아온 사람이고, 그와 나의 나이 차이는 사실 따지고 보면 몇 년 차이가 나지 않는다. 이제는 함께 나이 먹어가고 있는 처지라고나 할까.

공연이 시작되자 나는 오늘을 위해 챙겨온 안경을 꺼내 썼다. 요즘 노안이 와서 시력이 나빠졌는데도 맞춰둔 안경을 잘 쓰지 않는데 안치환 님의 얼굴을 제대로 보지 못할까 봐 갖고 온 것이다. 안경을 쓰니 얼굴이 선명하게 보여 좋았지만, 평소 쓰는 습관이 되어 있지 않아 불편하게 느껴져 그냥 목소리만 들어도 행복하다는 마음으로 안경을 벗고 즐겼다. 그뿐만 아니라 팬클럽에서 나눠준 야광 팔찌를 차고 잔잔한 음악에 맞춰 손을 흔드는데도 어깨가 아파 예전처럼 팔을 높이 번쩍 들 수 없어 살짝 당황스러웠다.

그런데 마음과 달리 늙어진 신체 변화로 안타까운 건 팬인 나만의 일이 아니었다. 나의 우상 역시 세월을 비껴가지 못한 탓에 공연 중 안타까운 마음이 들 정도로 땀을 많이 흘렸다. 예전의 그가 노래 몇 곡을 연이어 부른 뒤에 땀을 한번 닦았다면 지금은 노래 한 곡을 부르고 나서는 여지없이 솟은 땀을 연신 닦아야 하는 서글픈 장면을 목격해야만 했다. 그가 몇 년 전 직장암 판정을 받아 수술 후 투병 생활을 마치고 건강을 회복한 사실을 알고 있기에 그래서 더 체력이 약해진 건가 하는 염려도 되었다.

옆에 앉아 있던 남편도 잊고 오롯이 안치환 님한테만 시선 고정하고 몰입했던 가슴 벅찬 공연이 끝난 뒤 문 앞에서 혹시나 하는 마음으로 기다렸다. 항상 그의 콘서트에 갔을 때마다 기다렸다가 남아서 인사 나누고 함께 사진 찍고 했었던 나였기에 돌아가는 기차표도 넉넉하게 늦은 시간으로 예매해 둔 터였다. 나를 비롯한 몇 명의 사람들은 기다린 끝에 옷을 갈아입고 나온 안치환 님을 만나 사인도 받고 사진도 찍었다. 그는 강릉에서 왔다고 하는 내게 산불이 크게 났다는데 괜찮냐고 걱정해 주고, 나는 그의 건강을 걱정해 주었다. 사실 "오빠~" 하고 포옹이라도 하고 싶었지만 줄지어 기다리며 쳐다보고 있는 사람들의 눈이 많아 용기가 부족해 그저 악수로 만족하고 돌아섰다.

젊은 팬이었던 나도 결혼해 아이 낳고 키우다 보니 어느새 중년의 나이가 되었다. 나도, 내가 좋아하는 가수도, 그를 함께 좋아했던 팬들도 세월 따라 모두 함께 나이 들어가고 있다는 생각에 진한 동지애 같은 마음이 든다.

사무엘 울만은 '청춘이란 인생의 어떤 기간이 아니라/ 마음가짐을 말한다./ 장미의 용모, 붉은 입술, 나긋나긋한 손발이 아니라/ 씩씩한 의지, 풍부한 상상력, 불타오르는 정열을 가리킨다.'고 했다. 공연장을 뜨거운 열기로 가득하게 했던 우리는, 고단한 삶을 살아내면서도 팬심을 잃지 않고 사랑해 온 우리는 '청춘'이다.

'Again, 학전 콘서트'는 나의 지난 청춘의 기억을 소환해 다시금 가슴 뛰는 열정을 불어넣어 준 'Again, 청춘'이었다.

희망의 이순신

지금 대한민국은 이순신 열풍에 휩싸여 있다. 이순신 장군의 명량해전을 그린 영화 '명량'은 개봉 12일 만인 역대 최단기간에 관객 1,000만 명을 돌파했다. 오늘도 한국영화 흥행기록을 새롭게 쓰고 있는 영화를 비롯해 출판계에서도 이순신 관련 서적이 쏟아지고 있을 정도다.

충무공 이순신은 1592년 일본의 침략으로 시작한 임진왜란에서 해전으로 23전 23승이라는 전무후무한 승리를 거둔 무장이다. 한산도 대첩, 명량해전 등에서 승리하며 다 쓰러져 가는 조선을 구하는데 크게 기여했다. 지덕이 뛰어나 많은 사람이 존경하는 영웅으로 추앙받는 이순신은 세월호 비극 등 잇따른 사건·사고에 따른 이상적인 리더십의 부재가 그의 리더십에 대한 열광으로 이어졌다는 의견이 많다.

성웅(聖雄) 이순신이 자식을 키우는 부모이자 평범한 사회인인 나에게 더 인간적으로 다가오는 이유는 그가 대개의 출중한 영웅에 반해 보통 사람에 가깝기 때문이다. 이순신은 전해지는 여러 기록을 보아도 처음부터 역사에 길이 남을 큰 인물은 아니었다. 요즘 시대에 비추어 평가하면 오히려 별 볼 일 없는 사람에 가까웠다고나 해야 할까.

문과에서 무과로 전향해 6년이나 공부했다. 그사이 결혼을 하여 한 집안의 가장이었는데도 한마디로 청년실업자 즉, 백수였다. 선조 5년(1572년), 시험에 응시했지만 달리던 말이 돌부리에 걸려 넘어지는 바람에 낙마하여 다리가 부러져 낙방했다. 이때 버드나무 껍질을 벗겨 다친 다리를 싸매고 과정을 마친 것은 널리 알려진 일화다. 짧지 않은 시간을 투자했지만 운이 따라주지 않았으니 불운을 탓하며 방황할 수도 있었다.

그러나 이순신은 낙방한 것에 실망하지 않고 다시 무예 훈련을 계속하여 4년 뒤인 32세 때 비로소 합격한다. 그때의 성적표에 의하면 전체 석차 29명 중 12등으로 중상위에는 해당하지만, 그렇다고 가장 우수하다고는 말할 수 없었다. 『난중일기』를 보면 화살 40발을 쏴 30발 넘게 맞추면 기뻐하며 일기에 기록한 것으로 볼 때 백발백중의 실력자인 명궁이라고 생각하기 어렵다. 못 쐈다고 폄하하려는 것이 아니라 문신인 양반들도 활쏘기를 기본으로 겸비했던 그 시절에 비추어 봤을 때 매우 뛰어난 실력은 아니라는 얘기다.

늦은 나이에 급제한 뒤에도 그의 행적은 알다시피 평탄하지 않았다. 군의 인사행정을 담당할 때 그의 상사가 한 인사 청탁을 거절한 것으로 인해 모함을 받아 관직을 잃기도 하고, 정치적 모함세력에 의해 파면·투옥을 당하는 등 숱한 고초와 역경을 겪는다. 세 번 파직 당했고, 직책 없이 종군하게 하는 조선 특유의 처벌인 백의종군을 두 번이나 하는 곤욕을 치렀다.

그렇다고 이순신은 무장으로서 체력이 뛰어난 사람도 아니었다. 『난중일기』에 기록된 이순신의 몸을 현대 의학적 측면에서 살펴보면 그는 신경성 위장염을 앓고 있었다고 한다.* 질병을 앓았던 날이 적혀 있는 날만 무려 120일에 달하는데, 바람 앞에 촛불과도 같은 이 나라를 구하고자 노심초사한 탓에 온 병이었을 게다. 또, 엄청난 중압감과 격무로 토사곽란에 시달리다가 인사불성이 되기도 했다고 하니 여느 병사와 다를 바 없이 견뎌내야 했던 두려움과 근심이 가히 짐작이 되고도 남는다.

이러했기에 어쩌면 임진왜란이 없었다면 우리는 이순신이라는 이름을 몰랐을 수도 있다. 이순신은 미관말직을 전전하다가 전쟁의 위기가 다가오자 빛을 발하기 시작했기 때문이다. 임진왜란 발발 14개월 전에 유성룡의 천거로 종6품 정읍 현감에서 정3품 전라좌도수군절도사에 임명된다.

영화 「명량」에서는 단 12척의 전선으로 330여 척의 일본에 맞서 대승을 거두는 것으로 보여주고 있으나, 실제 전투에 참여한 일본 배는 133척이라고 한다. 이렇게 굳이 숫자를 부풀리지 않아도 이순신의 명량(울돌목)에서 좁은 폭과 조류를 이용해 왜군의 적선을 격파한 제독으로서의 지략과 위대함은 평가절하되지 않는다.

큰 그릇은 오랜 시간이 걸려야 완성된다는 대기만성(大器晩成)이라는 말이 있다. 이순신의 삶을 자세히 살펴보면 참으로 굴곡진 인생을 살며 대기만성의 표본을 이루었다고 하겠다. 다른 사람에 비해 조금 느리지만 부단한 자기 노력과 자기 성찰을 하다 보면 최후에는 보다 크고 정확하게 완성된 그림을 그릴 수 있다고 생각한다.

때를 기다려 꽃을 피우는 나무들처럼 사람들도 각자 나름의 성장과 성숙의 때가 있다. 믿음이라는 거름과 희망이라는 물을 주노라면 우리 안에 감춰진 놀라운 가능성이 꽃피는 날은 반드시 온다. 설령 내가, 나의 자녀가 다른 사람에 비해 일찍 꽃을 피우지 못하더라도 너무 조급해하거나 안타까워하지 말자. 비록 늦게 꽃피는 나무일지라도 기다리다 보면 그 언젠가는 이 세상에 자신만의 향기를 품은 꽃을 피워낼 것이다.

풀벌레 우는 소리가 깊어지는 가을이다. 다시 한번 『난중일기』를 읽으며 오늘 밤 그의 향기를 맡아 보련다.

어부와 낚시꾼

이번 여름은 유난히도 폭염이 기승을 부렸다. 휴대전화로 폭염 특보가 발효 중이니 야외활동을 자제하라는 긴급재난문자를 몇 번이나 받아 보고, 심지어 남의 나라에서만 일어나는 일이라고 여긴 일사병과 열사병으로 10명이 넘는 인원이 사망했다. 입추가 지나면서 더위가 한풀 꺾였다고는 해도 그간의 더위에 지친 심신은 여전히 축 처진 파김치처럼 늘어져 있었다.

그런데, 남편이 배낚시를 가자는 것이다.

출근했다가 아는 사람을 만났는데, 낚시에 재미를 들

여 급기야 고무보트까지 마련했다고 한다. 거기다 얼마 전부터는 낚시꾼이나 바다에 물놀이 온 피서객들 중 아이들과 체험해 보고 싶어 하는 가족들에게 낚시도구도 대여해 주고 승선료를 받는 부업을 하고 있다고 했다. 그러면서 남편은 그가 무료로 태워 주겠으니 한번 놀러 오라며 친절하게 식구 수대로 미리 건네주었다는 뱃멀미약을 꺼내 놓았다.

이미 남편의 마음은 가는 쪽으로 기울어져 있는 상황이었지만 나는 정말 내키지 않았다.

뱃멀미는 둘째치고라도 이 무더운 날, 그늘막도 없는 바다 위에서 뙤약볕 아래에 온전히 내 몸을 드러내 놓고 언제 잡힐지도 모르는 낚싯대를 들여다보고 있는 모습을 상상만 해도 끔찍했기 때문이다. 거기다 나는 햇빛 알레르기라는 남모를 고충을 갖고 있어 햇빛 차단에 더 각별히 노력을 해야만 하는 처지다. 하지만, 결국엔 나의 모성은 아이들에게 즐거운 추억이 되지 않을까 싶어 가기로 결정했다.

일요일 아침 일찍 출발하기 전 우리 가족은 모두 뱃멀미약을 챙겨 먹고 삼척 광진항으로 향했다. 마침 도착하니 하늘이 약간 흐려 있어서 여간 다행스러운 일이 아닐 수 없었다. 구명조끼를 입고 승선한 보트는 물살을 가르며 달려나가다 바다의 그 어딘가에서 멈췄다. 멀리 수평선이 보이는 바다 위에서 우리는 바다의 출렁임에 미처 적응도 다 하지 못한 채 건네주는 낚싯대의 줄을 드리웠다.

햇볕에 검게 그을린 그는 지금 가자미가 잘 잡힌다면서 초보인 우리 가족의 낚싯바늘에 갯지렁이로 미끼를 끼워 주며, 요즘의 낚시꾼들은 루어낚시를 많이 한다고 했다. 루어는 플라스틱·금속 등으로 마치 살아있는 작은 물고기처럼 만든 인공의 가짜 미끼(lure)를 이용하여 고기를 낚는 방법이다. 어종별로 나뉘어 있을 정도로 여러 가지 종류가 있다고 한다. 그는 "미끼를 쓰면 어부고, 루어를 쓰면 낚시꾼이다."라며 자신은 그러니까 어부라고 자부심에 찬 표정으로 말했다.

어부는 고기잡이가 생업인 사람이고 낚시꾼은 취미로 고기를 잡는 사람이다. 어부에게 있어서 바다의 물고기는 가족의 생계를 책임져 주는 삶의 희망이자 고마운 존재다. 비록 물고기를 잡아 목숨을 앗아야 하는 숙명적 관계이지만 어부는 물고기에게 미안하고 고마운 마음을 진실 되게 살아있는 미끼로 예를 갖춘다. 인공의 루어로 물고기를 유인해 잡는 태도에는 그저 간편하게 재미로 살생하며 많이 잡고자 하는 욕심만 어려 있다.

어부와 낚시꾼은 물고기를 대하는 마음에만 차이가 있는 것이 아니다. 낚시하는 행위에도 당연히 차이가 있다. 사실 낚시꾼은 날씨 좋고 시간 되는 날 취미로 고기를 잡으러 나오는지라 몇 마리가 잡히든 크게 구애받지 않는다. 물론 뜻대로 잡히지 않는다고 짜증을 내며 고기잡이를 그만두고 집에 간다 한들 누가 뭐라 할 사람도 없다. 하지만 어부는 이것이 생업이기 때문에 때로는 날씨가 궂고 몸이 좋지 않은 날일지언정 바다 한가운데에서 사투를 벌여야 하는 경우도 있다. 생계와 직결되는 어획량을 생각해야만 하며, 오늘 고기가 잘 잡히지 않는다고 그만둘 수도 없기에 어부의 낚시는 그만큼 절박하고 고통도 따른다.

그가 물고기가 많은 곳을 안내한 덕분인지 아니면 가자미 철이어서 그랬는지 어린아이들한테도 눈먼 물고기들이 많이 잡혀 처음 낚싯대를 잡아본 날치고는 결과물이 풍성했다. 우리 같은 낚시꾼은 오늘 한번 잘 잡았다고 호들갑을 떨며 좋아라 하지만 어부는 장기적으로 봤을 때 오늘 잡은 것에 일희일비(一喜一悲)하지 않는다.

글을 쓴다는 것도 물고기를 낚는 일과 다를 바 없다. 미끼 하나도 허투루 쓰지 않는 어부의 마음처럼 진실 되게 사물과 원고지를 대해야 한다. 하루 이틀 쓰다 말 취미 생활이 아닌 운명적인 글쓰기라면 글을 쓰는 즐거움과 함께 따라오는 고통도 감내

하면서 어부처럼 묵묵히 세월을 견디며 써 내려가야 하겠다.

낚싯대를 만지며 물고기를 잡는 모습은 같아 보이지만 정말 참 낚시를 하는 이는 어부라고 말할 수 있다. 길게 보았을 때 낚시꾼은 어부를 절대 이길 수 없다. 그래서 우리는 유려한 말장난을 늘어놓아 반짝인기에 영합하는 글 앞에서 너무 의기소침해 하지 않아도 된다. 우리는 낚시를 끝내고 보트에서 내려 일상으로 돌아가면 더 이상 낚시꾼이 아니지만, 어부는 육지에 서 있어도 어부다. 내가 꼭 책상 앞에서 글을 쓰고 있는 순간이 아니어도 나의 삶 그 자체가 작가였으면 싶다.

어부는 오늘도 바다에 나가 고기를 잡으리라. 더위를 핑계로 한껏 게을러진 심신을 추슬러 이제 나도 부지런한 어부가 되어 좋은 글을 낚아야겠다. 때마침 아침저녁으로 선선한 바람이 부니 만선의 꿈을 품고 노를 젓기 좋은 때다.

안전의식 레벨 업(level up)

아! 기다리고 기다렸던 대만 원정 비행.

이 가오슝 공항의 땅을 밟아보기까지 얼마나 우여곡절이 많았던가. 아무래도 추운 겨울에는 비행하기가 쉽지 않아 몇 해 전부터 패러 클럽에서는 겨울이면 따뜻한 남쪽 나라 대만으로 교육을 겸한 원정 비행을 가고 있다.

우리나라보다 기상이나 활공장 여건이 좋은 곳에 가서 그동안 녹슨 비행 실력을 레벨 업(level up)해 올 수 있는 절호의 기회라는 스쿨장님의 감언이설에 언제부터인가 나는 고민하고 있었다. 남편은 그런 내게 그동안 아이들 때문에 못한 비행을 이번 기회에 가서 하고 오라고 휴가 아닌 휴가 선물을 주었다. 남편 역시 직장 다니느라 비행을 못 하러 다니기는 마찬가지였는데 마음 써줘서 미안하고 고마웠다.

대만은 일단 기후가 온난하여 고도 확보가 수월하고, 우리가 이용할 핑동현의 활공장은 이륙장과 착륙장이 넓어 초보자에게도 안전해 여건이 정말 좋았다. 아침에 눈 뜨면 식사를 하고 이륙장으로 올라가 비행하고 내려오고 다시 픽업 차량을 기다려 이륙장으로 올라가서 다시 비행하고 또 올라가고를 반복하며 비행 연습을 하였다. 처음엔 외국의 낯선 지형이라 겁도 났지만, 며칠 타니까 차차 눈에 익어갔다.

마침 같은 시기에 일본의 한 패러 클럽에서도 이곳으로 원정 비행을 와서 우리와 함께 활공장을 이용했다. 일본 클럽 회원은 우리 클럽과 다르게 비행할 때면 모두 허리에 두르고 허벅지에 끼우는 형태의 등반용 안전벨트를 하고 있었다. 궁금해서 그들 중 재일교포분께 물어보니 일본은 산에 키가 큰 나무가 많아 혹시 모를 사고로 나무에 걸렸을 때를 대비해 늘 착용한다고 했다. 옆에서 그런 모습을 보면서 잦은 지진으로 인한 재난으로 안전의식이 높다는 생각이 들었다.

그런데 비행을 잘하며 지내다 귀국을 앞둔 대만에서의 마지막 날, 자칫 잘못하면 큰일날 뻔한 사고가 일어났다. 우리 클럽의 최고 실력자인 스쿨장님과 고수 중의 고수인 다른 회원 한 분이 마지막으로 비행하려고 이륙했는데, 갑자기 멀쩡했던 하늘에 먹구름이 가득 형성됐다. 적란운이라고 불리는 이 구름은 많은 양의 수증기가 강력한 상승기류에 의해 솟구치듯 발달하는 비구름이다. 기체 위에 이 구름이 있게 되면 본인의 의지와 관계없이 한도 끝도 없이 빨려 올라가게 되기 때문에 아주 위험하다. 이륙장에선 즉각 비행을 금지했고 이미 이륙해 비행하던 사람들은 모두 안간힘을 써서 고도를 침하시켜 빠른 착륙을 시도했다.

이륙장에서 이 광경을 목격한 우리는 처음엔 놀라서 지켜보다가 고도가 높은 이륙장에 비가 내리기 시작하자 잘 내려가시겠지 하며 천막 안에 들어가 비를 피했다. 그 두 분은 워낙 비행 실력이 출중한 분들이셨기 때문에 오늘 같은 비상 상황에서도 잘 대처해 안전하게 착륙하리라고 믿어 의심치 않았기 때문이다. 우리와 다르게 일본 회원들은 비를 맞아가면서 자신들의 클럽 회원들이 어디에 비상 착륙을 하는지 지켜보고 있었는데, 천막 안에서 낄낄대고 있던 우리에게 재일교포분이 오셔서 우리 회원들이 저 어딘가에 불시착을 한 것 같다며 더는 보이지 않는다고 알려줬다. 그제서야 우리는 사태의 심각성을 깨닫고 무전을 해보았지만, 교신이 되지 않아 일본인이 추정된다고 알려준 위치로 허둥지둥 차를 몰아 내려갔다.

어렵사리 스쿨장님과는 교신이 이루어져 근처 파인애플밭에 가서 구조했지만 다른 한 명은 끝내 무전이 되지 않아 우리는 피가 바짝바짝 말랐다. 혹시 하는 공포감마저 밀려올 즈음에 간신히 그의 목소리를 들을 수 있게 되어 우리는 환호했다. 차가 들어가는 길도 없는 강 근처에 불시착한 그를 밀림 같은 갈대와 풀숲을 헤치고 구조해 나왔을 때 우리 클럽 사람들의 몰골은 그야말로 만신창이가 되어 있었다. 그래도 다치지 않고 무사한 것에 감사하고 기뻤다.

다음 날 일정상 먼저 귀국한다는 재일교포를 우리 차량에 태워 함께 공항에 가게 되었다. 그로부터 일본 클럽 사람들이 우리가 왜 그 같은 비상 상황 속에서 클럽 회원들이 착륙하는 것을 끝까지 지켜보지 않고 천막 안에 들어가 앉아 있었는지 이해하기 어렵다고 했다는 것을 전해 듣게 되었다. 나는 기상 상황이 이렇게 심각한 줄 몰랐다, 두 분은 베테랑이어서 잘 착륙할 거라고 믿었다 등의 변명 아닌 변명을 하고 있었지만 이미 부끄러움에 얼굴이 화끈거렸다.

'설마 무슨 일이 있겠어.', '일은 무슨, 괜찮겠지' 하는 안일한 생각이 바로 안전 불감증이다. 비용 절감이나 대충대충 편리함을 취하지 말고 긴장의 끈을 놓지 않고 계속해 주의를 기울여야 사고를 사전에 방지할 수 있다. 삼풍백화점 붕괴사건, 경주 리조트 붕괴사건, 세월호 참사 등의 대형 참사에서부터 음주운전, 안전장비 미착용, 음주 후 수영 등의 사고 모두 안전의식 결여로 인한 예견된 인재(人災)다.

비행 실력을 비롯한 다른 그 무엇을 레벨 업 하는 것이 중요한 게 아니라 안전의식을 레벨 업 하는 것이 더 시급하고 중요한 일이라는 것을 다시 한번 깨달은 원정 비행이었다.

소소한 일상에서 느끼는 단상

감사한 물난리

며칠 전 일이다.

모처럼 남편보다 일찍 일어나 아침 식사 준비로 바쁠 때였다.

“앗, 이리 좀 와 봐! 자기, 이거 못 봤었어?”

평소 호들갑을 떨지 않는 남편인데, 무슨 일로 저리 놀랐나 싶어 달려간 안방의 화장실은 연못을 이루고 있었다. 하수구가 막힌 것이다.

우리집은 3가구가 모여 사는 다세대 주택이다. 1층에 사는 우리 가족은 최소한의 물을 내리기 위해 고양이 세수를 하고 양치 후 입안도 한 번만 헹구는 비상사태에 돌입하였다. 하지만, 이 사태를 알지 못하는 2층 사람들이 출근 준비로 마음껏 물을 사용했는지 안방과 거실 화장실의 물은 점점 불어났다.

남편은 회사에 가서 휴가를 내고 올 테니 일단 이 시간 이후로는 절대 물이 흘러내리지 않도록 나에게 긴급 조치령을 내렸다. 아이들은 물이 역류해 발이 잠길 정도가 된 현장을 그저 재미있고 신기해하다가 이 물난리를 더 구경하지 못하고 가는 것을 아쉬워하며 학교로 향했다.

어수선하게 모두 집을 나간 뒤, 이번 물난리의 가장 큰 피해지역은 화장실이 아닌 다른 곳임을 알게 되었다. 바로 아파트가 아닌 주택인지라 자질구레한 살림살이를 놓아둘 곳이 마땅치 않아 세탁기 놓은 곳을 활용하고 있는 다용도실이었다. 아차, 이곳에도 물이 나오는 수도가 있었지 하며 혹시나 하고 들어가 봤더니 아니나 다를까….

밑에 놓여 있던 종이상자 안 물건들과 각종 잡동사니들은 이미 다 젖어 사달이 나서 부엌으로 짐을 들어내 놓기 시작했다. 부엌이 어느덧 벼룩시장으로 변해 있을 즈음, 드디어 남편이 회사에서 돌아왔다. 시설과 직원한테 빌려 온, 생긴 모양이 돼지꼬리와 닮았다고 일명 '돼지꼬리'라는 구멍 뚫는 도구를 의기양양하게 들고서 말이다.

나는 '내 긴 머리카락이 문제였을까?' 하며 물난리가 날 정도로 꽉 막히게 한 주범인 머리카락 뭉치를 상상하니 괜스레 부끄러운 마음이 들었다. 그러나, 애쓰며 작업을 해도 걸려 올라오는 것은 딱히 없었다. 결국 물을 틀어 확인해 볼 때마다 금세 또 물은 차올라 우리는 전문가의 손길을 받기로 결론 내렸다.

막힌 하수구를 뚫는 전문 업체에서 온 아저씨는 집 안팎으로 하수구 관이 있는 곳은 다 돌아다녔다. 이물질을 훑어내는 굵은 쇠로 된 강력한 장비는 소리도 요란해 머리가 다 울렸다. 아저씨는 마침내 부엌 하수구 관 쪽에서 걸리는 게 있는 것 같다며, 뒷마당에 있는 하수 배출구에 가서 뭐 나오는 게 있는지 지켜보라고 했다. 남편 말에 의하면 딱딱하고 희끄무레한 왕만두 크기만한 기름 덩어리가 뻥- 하고 튀어나왔다는데, 내가 직접 보지 못한 것이 지금도 아쉽다.

나는 환경을 생각해 기름이 많이 묻어 있는 그릇은 일단 휴지로 닦아 내고 설거지를 하고 있다. 그런데도 이런 일이 일어나자 주부로서 못내 억울한 생각이 들었다. 아저씨는 이렇게 막히는 건 하루아침에 막힌 것이 아니라 세월을 두고 서서히 나타난 증상이라고 했다. 또, 2층에 살고 있는 다른 사람들도 있고, 전 주인이 살 때부터 진행된 일일 수도 있으니 그리 자책하지 말라는 위로의 말과 함께 상황은 종료되었다.

우리집은 아무도 모르게 하수구 관에 천천히 기름 덩어리가 모아져 막혀 가고 있었던 것이다. 마치 사람으로 치면 동맥경화에 걸렸다가 급기야 뇌졸중으로 쓰러진 셈이다. 그런데, 수술이 잘 되어 다시 깨끗하고 건강한 혈관 아니, 하수도관을 갖게 되었으니 여간 다행스러운 일이 아니다.

우리의 마음도 다를 바가 없다. 우리 마음에는 여러 종류의 감정들이 감정선을 타고 돌아다니며 '나'를 이룬다.

사랑, 희망, 기쁨, 용서, 믿음, 감사, 평화 등의 긍정적 감정들은 나를 밝고 건강하게 만든다. 그러나, 미움, 시기, 질투, 분노, 탐욕, 의심, 원한, 복수심 등의 부정적 감정들로 막히게 되면 나를 어둡고 병들게 한다. 뿐만 아니라, 더 나아가 사람과 사람 간의 소통의 길도 막혀 내 이웃에게마저도 상처를 주고 해를 끼친다.

긍정적 감정은 풍요롭고 행복한 성공의 길로 이끈다. 부정적 감정은 인색하고 불행한 실패의 나락으로 떨어뜨린다. 그렇다고 우리가 살면서 늘 긍정적 감정만 갖고 지내기는 어렵지 않은가. 어느 날은 부정적인 감정도 들 것이다. 그때, 내 마음에 쌓이는 부정적 감정 덩어리를 긍정적 감정으로 막히지 않도록 수시로 애써 녹이고 깨끗하게 털어내는 노력을 기울여야 하겠다.

하수도 물이 역류한 곳에서는 고약한 냄새가 나듯이 해묵은 부정적인 감정이 표출되면 우리의 마음에서도 악취가 풍긴다. 이 부정적 감정의 찌꺼기를 늘 깨끗이 쓸고 닦고 한다면 우리의 마음은 언제나 윤이 나고 향기를 품고 있지 않을까.

뜻하지 않은 물난리 끝에 본의 아니게 대청소를 하게 되어 몸은 힘들었지만, 한결 가벼워진 마음은 봄 햇살 때문일까… 세상이 더욱 따뜻하게 느껴진다.

우리집 국화 축제에 부쳐

산과 들을 지키고 있는 나무의 잎들이 붉게 물들고 있다. 따뜻한 봄은 남쪽에서부터 번지는 꽃으로 그 소식을 알리고, 추운 겨울을 예고하는 완연한 가을은 북쪽에서부터 밀려오는 단풍에서 비롯된다. 그러다 보니 요즘 전국적으로 단풍축제가 한창이다.

가을에는 단풍축제뿐만 아니라 여기저기서 크고 작은 축제들을 많이 한다. 그중에서도 가을을 대표하는 꽃인 국화 축제도 빼놓을 수 없는데, 우리 집에서도 몇 해 전부터 작은 마당에서 개최하고 있다. 물론 시의 후원도 없고, 국회의원의 축사도 없이 개최되는 전국 제일의 소규모이자 암암리에 진행되는 축제다.

사실 국화는 우리 집에서 가을에 꽃을 피워내기 전까지는 그다지 주목을 받지 못하는 신세다. 추웠던 겨울이 지나면 알록달록 예쁜 봄꽃들이 봄의 전령사를 자처하며 너도나도 고개를 내밀고 시선을 끈다. 워낙 그 색들이 오색찬란하다 보니 줄기에 녹색의 잎들만 달고 있는 국화는 너무나 평범하게 보이기까지 한다.

여름 역시 국화는 있는 듯 없는 듯 화려한 꽃들의 싱그러운 배경이 되어 주는 데 그친다. 그러다 본격적으로 시작된 더위에 잎이 축 늘어져 고된 시간을 보낼 때면 나는 물을 뿌려주며 조금만 더 견뎌 보라고 마음속 응원을 보내는 게 전부다.

드디어 아침저녁으로 서늘한 바람이 불기 시작하면 국화는 그때부터 우리집 마당의 일인자로 등극한다. 인고(忍苦)의 시간을 보낸 국화가 작은 꽃망울들을 맺었을 때부터 관심을 한몸에 받기 시작해, 꽃을 피웠다 하면 그동안의 괄시를 한번에 씻어 버린다. 마당에 색색별로 제일 많이 펴져 있는 꽃이 국화라 만발했을 때의 그 풍경은 참으로 아름답다.

국화는 아름다움을 눈으로 보는 것으로만 그치게 하지 않고, 예로부터 여러모로 유용하게 쓰이는 기특한 면까지 갖추고 있는 꽃이다. 옛 선조들은 중양절(重陽節, 음 9월 9일)이면 국화주를 마시며 장수를 기원하고 풍류를 즐겼다. 또, 두통에 효험이 있고 눈이 밝아진다 하여 꽃을 말려 베갯속에 넣기도 하고, 따뜻하게 국화차로 마시기도 하는 등 아직도 한방에서는 약재로도 쓰인다.

낭만적인 정취로만 따진다면 볕 좋은 가을날, 매서운 겨울바람에 대비해 문살마다 새 창호지를 바를 때를 따라올 게 없다. 그냥 밋밋하게 창호지나 두껍게 펴 발라도 되었을 텐데 국화나 은행잎과 단풍잎을 곱게 박아 넣는 수고를 마다하지 않은 옛사람들의 정서를 나는 잊지 않고 지내고 싶다.

특히 국화는 매화, 난초, 대나무와 함께 사군자(四君子)의 하나로 그 기품과 의로움이 군자에 비유되며 선비들의 많은 사랑을 받았다. 조선 후기의 문인 이정보는 국화를 '오상고절(傲霜孤節)'이라 칭하며 그 절개를 높이 샀다. 그만큼 국화는 늦게 피어 늦가을 서리에도 굴하지 않고 오래도록 소담스럽게 있다 지는 고고한 꽃이기에 옛사람이나 지금 사람이나 닮고 싶은 꽃이다.

노란색, 흰색, 보라색, 자주색 등의 색과 모양을 달리한 국화의 자태는 우아하기까지 하다. 국화 하면 우리나라에서 고등학교를 졸업한 사람들은 국어 시간에 배운 미당 서정주 시인의 「국화 옆에서」가 각인되다시피 해서 "한 송이의 국화꽃을 피우기 위해/ 봄부터 소쩍새는/ 그렇게 울었나 보다…"라며 1연 정도는 거뜬히 읊조릴 수 있을 정도다.

초롱초롱한 눈빛으로 '머언 먼 젊음의 뒤안길에서/ 인제는 돌아와 거울 앞에 선/ 내 누님같이 생긴 꽃이여.'에 밑줄 그으며 선생님의 말씀을 열심히 적던 단발머리 여고생은 어느덧 시인이 얘기한 거울 앞에선 누이가 되어 있다. 나는 과연 그 누이처럼 젊은 날의 방황을 모두 끝내고 저 우아한 한 송이 국화처럼 기품 있게 살고 있는지 나를 돌아보게 된다.

혼자만 가을의 정취를 만끽하기가 아까워 가까운 지인들을 초대하게 된 우리집 작은 국화 축제. 내일부터 시작인데 간단한 다과라도 준비해 두려면 내가 지금 이러고 있을 때가 아니다. 바쁜 일상 속에서 잠시 꽃을 감상하며 가을의 깊고 그윽한 향에 함께 취해 담소를 나눌 일을 생각하니 벌써 행복해진다.

치과 검진받는 날

가슴이 두근거린다.

자리에 앉아 대기하고 있자니 아주 인생의 중대한 심사를 치르기 위해 면접을 보러 온 사람이 된 듯하다.

오늘은 치과에서 정기 검진받는 날.

부모님의 유전인자를 물려받아서인지 잇몸이 약하다. 충치는 잘 생기지 않는데 늘 잇몸이 말썽이다. 잇몸 치료는 받아 본 사람들은 다 알겠지만 참 고통스럽고 치료 기간이 길어 지겨운 일이다. 염증이 생겨 부은 잇몸을 송곳 같은 스케일러로 마구 쑤시며 긁어낸다. 그다음 치간 칫솔로 관리가 잘 되게 해 주기 위해 마취약을 주사하고, 잇몸을 잘라 낸다. 물론 이걸로 끝이 아니다. 좋지 않은 잇몸이 한 군데가 아니고, 신경 치료라도 받아야 되는 경우면 다녀야 하는 지겨운 기간은 당연히 그만큼 더 길어진다.

나는 고통스럽고 지겨운 잇몸 치료를 받지 않기 위한 고육책으로 정기 검진을 꼬박꼬박 잘 다닌다. 몸이 좀 아파도 병원 가길 싫어해서 대체로 참고 안 가는 편인데 치과만큼은 수첩에 날짜를 적어 놓고 거르지 않고 다닌다. 관리를 제대로 안 하면 잇몸이 내려앉아 좋아하는 맛있는 음식도 제대로 씹어 먹지 못하는 것은 물론, 풍치가 일찍 와서 이가 빠진다고 하니 끔찍한 공포감에 어쩔 수 없다.

그런데, 나이 탓도 있겠지만 아이들을 낳은 이후로 잇몸이 더 부실해져서 예전에 1년에 한 번 받았던 검진을 6개월에 한 번 받으러 다니게 되었다. 절반으로 기간이 짧아진 것도 유쾌하지 않았건만, 지난번 정기 검진 때는 3개월마다 오라는 청천벽력 같은 명령을 받았다. 잇몸 요주의 인물로 분류되어 치과의 단골손님으로 입성하다니… 정말 마음이 좋지 않았다.

정기 검진일에 치과를 찾아가는 일은 학교에 시험을 치르러 가는 것 같다. 공부를 열심히 한 학생은 발걸음이 가볍고, 공부를 열심히 하지 않은 학생은 자신이 없으니 발걸음이 무겁기 마련이다. 안타깝게도 나는 언제부터인가 치과에 가는 발걸음이 무거워지면서 의사 선생님의 시험을 무사통과한 적이 가물에 콩 나듯 하다. 검사 후 이번엔 치료할 게 없다는 얘기를 들으면 그처럼 기쁜 일이 없다. 근래 들어서는 계속 낙제를 하는 학생으로 전락해 의사 선생님께도 부끄럽고 나 자신에게도 자괴감이 든다.

이를 닦는다는 것. 이 얼마나 초등학교 1학년 아이들도 다 하는 간단하고 기초적인 일인가. 물론 그 아이들이 치과에 다니지 않을 정도로 완벽하게 모두 해낸다는 것은 아니다. 그래도 우리 같은 성인은 이제 몇십 년을 해 온 이 닦기 정도는 완벽하게 해야 되지 않는가. '서당 개 삼 년이면 풍월을 읊는다.'는 속담에 이어 요즘은 식당 개 삼 년이면 라면을 끓인다는 우스갯소리도 있다. 몇십 년을 해 온 행위도 제대로 하지 못해 치과를 번번이 찾아야 하는 내 심정은 참담한 기분마저 들게 한다.

이름이 호명되고 입을 쩍 벌리고 검진을 받았다. 이번에도 역시나 약간의 염증이 있는 곳이 또 발견되었다. 다행히 잇몸 치료까지는 들어가지 않고 더 악화되지 않게 관리를 잘하라는 선에서 그쳤다. 그리곤 언제나처럼 밖에서 치위생사한테 잇몸 관리에 대한 설명을 또 듣고 가라고 했다.

잇몸 관리에 대한 설명… 이제 안 들어도 다 안다. 치간 칫솔을 어떻게 사용해 주어야 하는지, 일반 칫솔질을 구석구석 어떤 식으로 해줘야 하는지 귀에 못이 박히도록 여러 번 들어서 나도 다른 사람한테 그 치위생사처럼 설명해 줄 수 있는 경지에 이르렀다. 문제는 이론은 다 아는데 실기가 안 된다는 점이다.

그리고, 사실 가슴에 손을 얹고 생각해 보면 고된 치료가 끝난 후 며칠만 반짝 정성을 다해 닦았지 남은 3개월 동안 지속적으로 열심히 관리하지 않았다. 피곤한 날 밤에 스르르 잠이 들어 닦지 않고 잔 적도 있고, 바쁠 때는 대충 닦은 적도 있고, 치간 칫솔이 안 들어가는 곳은 치실을 꼭 사용해 주라고 했는데 귀찮아서 생략했다. 온 힘을 다해 이 닦기를 하지 않았으면서도 피하고 싶은 불편한 결과에 대해 억울한 척하고 있는 거다.

나의 생활 면면을 곰곰이 살펴보면 어디 비단 이일 뿐이랴. 아이를 낳고 찐 살을 빼려면 식이요법과 운동을 겸비해서 빼면 된다는 것을 알고 있다. 하지만, 제대로 실천하지 않아서 아직도 외출할 때마다 거울 앞에서 한숨을 쉰다. 한 번 왔다 가는 소중한 인생, 성공적인 삶을 살고 싶어서 자기계발서 등을 읽으며 비결을 머릿속에 넣었다. 하지만, 책을 덮고 일어선 뒤 꾸준히 실천하지 않아서 늘 거기서 거기다.

실제로 살펴보면 사람들이 방법을 몰라서 못 하는 경우보다 방법을 알면서도 안 하는 경우가 더 많다. 방법과 이론을 알지만 실천하지 않는 삶이라면 그것은 진정한 의미의 앎이 아니다. 진실로 그것에 대해 잘 안다는 것은 알게 된 것을 실천할 때 할 수 있는 얘기다. 머리로 알게 된 것을 몸소 실행에 옮기는 지행합일(知行合一)의 삶은 그래서 중요한 의미를 갖는다.

세상엔 공짜가 없는 법이기에 아무 노력도 하지 않았다면 불만족스러운 결과는 당연한 일이다. 맹수인 호랑이도 토끼 한 마리를 잡기 위해 온 힘을 다해 전력 질주하고, 낙숫물은 바위를 뚫는다고 한다. 어떠한 일일지라도 불가에서 도를 구하듯 온 힘을 다해 꾸준히 용맹정진한다면 이루지 못할 일이 없을 것이다. 이 닦기 같은 하찮아 보이는 일부터 지금 당장 아는 바를 실천하는 삶을 살아야 하겠다.

그런데, 다음 검진일을 생각하니 벌써부터 작은 한숨이 나오는 것은 왜일까….

나, 갔다 올게

"나, 갔다 올게."

이게 무슨 말인가요? 부엌에서 황급히 식탁을 정리하던 저는 마치 꿈결에 들은 소리 같아 순간 바삐 움직이던 손을 멈칫했습니다. 출근 준비를 먼저 마치고 현관에서 나를 기다리고 있던 남편이 농담으로 한 인사말에 저도, 아이들도 모두 깜짝 놀랐습니다. 현실적으로 가능하지 않은 상황임을 알고 있으면서도 속고 말았네요. 정말 잠시나마 설레고 반가웠고 곧 늘 아침마다 들어왔던 저 말이 이렇듯 감동적이었나 싶게 가슴이 뭉클

해졌습니다.

남편이 발목 수술을 한 지 1주일이 조금 지났습니다. 5년 전 살짝 다쳤다고 생각한 발목은 참 오랜 시간 남편을 힘들게 했습니다. 병원에서도 시간이 지나면 괜찮아질 거라고 쉽게 얘기했었지만, 나아지기는커녕 결국 발목의 뼈에 이상이 생기게 되었다는 걸 발견하기에 이르렀습니다. 마침내 뼈를 제거하는 수술을 한 뒤 며칠 동안 입원해 있다가 깁스를 하고 목발을 짚고서 집에 돌아왔지요.

그 날부터였습니다. 남편은 상전이 되었고, 저는 갑자기 부지런한 일꾼이 되었답니다. 실밥을 뽑으러 다시 병원에 가기 전 2주 동안만 조금 고생하면 된다고 생각하니 처음엔 그까짓 것쯤이야 했습니다. 남편은 항생제와 진통제를 먹으며 아픔을 참아가면서도 직장에서 휠체어를 타고 일을 하고 있는 형편인데 제 수고가 수고이겠습니까. 그런데, 집안에 거동이 불편한 환자가 생겨 안 하던 간병을 하며 생활하자니 현실은 녹록지 않더군요.

우선 남편이 하필 수술한 발목이 오른쪽인지라 운전이 불가능해 매일 출퇴근을 시켜주어야 합니다. 가족들이 모두 스스로 알아서 움직여 줘도 가장 바쁜 시간이 아이들 등교 시간과 맞물리는 출근 시간인데 여간 분주한 게 아닙니다. 아이들은 10분 더 일찍 깨워 아침밥을 먹이고 남편을 태워 가는 길에 학교에 먼저 등교시킵니다. 그리곤 남편을 직장에 내려 주고는 다시 집으로 돌아와 제 볼일을 보러 나갑니다.

그러다 퇴근 시간이 되면 저녁 식사를 미리 준비해 놓고 태우러 가야 하는데, 저녁에 이틀 제가 강의하러 가는 날이면 아주 정신이 없습니다. 남편을 집에 데려다 놓기가 무섭게 다시 나가야 하니 풀 방구리에 쥐 드나드는 것도 아니고 들락날락 어수선합니다. 거기다 결정적으로 저는 왕초보 운전자입니다. 잔뜩 긴장을 하고 운전을 하는지라 다른 사람보다 피로감이 배로 느껴지네요.

남편은 평상시 새벽에 산책을 나갈 때면 쌀을 안쳐주고 나갔습니다. 밤에 늦게 자서 아침잠이 많은 저를 배려해 조금이라도 더 자라고요. 지금은 제가 알람 소리에 떠지지 않는 눈을 비비며 일어나 쌀을 씻고 있습니다. 필요한 물건을 찾을 때에도 평소 같으면 어느 방 어디에 있다고 몇 마디 말로만 알려주면 되던 것을 불편한 몸을 대신해 제가 찾아다 줍니다.

제가 일이 많아 피곤해하는 날에는 설거지도 해 주었었는데, 강의 후 지친 몸으로 집에 돌아와서도 고무장갑을 끼고 다시 개수대 앞에 서야 했지요. 음식물 쓰레기도, 재활용품도 어두운 밤에 제가 내어놓습니다. 집안일을 잘 도와주던 남편이 집에 돌아오면 부은 다리를 높이고 누워만 있으니 하나에서부터 열까지 모두 제 손으로 다 해야 합니다. 우리가 공기의 소중함을 모르고 살아가듯이 그동안 남편이 제 일을 많이 도와주는 것에 대한 고마움을 언제부터인가 잠시 잊고 지냈었구나 하는 생각에 살짝 미안해집니다.

주말엔 통증으로 누워 있는 남편을 두고 아이들과 어디 나가기도 뭐해 날씨 좋은 날 그냥 집에 있었습니다. 사내아이들은 아빠가 언제 다시 축구를 같이할 수 있는지 자꾸 묻습니다. 그런데, 남편은 통증이 계속돼 몸이 편치 않아 그런지 너그럽지 못하고 신경질적으로 반응하다가 화를 내기도 합니다. 사실은 저도 몸이 지치니 슬그머니 기분이 우울해질 때도 있는데 말이죠. 집안 분위기가 예전 같지 않습니다.

옛날부터 긴 병에 효자 없다고 했지만, 너도나도 바쁘게 살고 있는 요즘은 아파서 누워 있는 환자의 고통은 말할 것도 없고 간병하는 가족의 고충 또한 상당합니다. 오롯이 환자 간병만 담당해도 지칠 판국인데 어린 자식 돌보랴 돈 구하러 일 다니랴 하는 사람들의 고충은 어떠할까 헤아려 봅니다. 저는 고작 2주일만 간병인 체험을 하는 것으로 끝나지만, 집안에 장기간 아픈 사람이 있으면 개인과 가정의 일상생활이 무너지기 때문에 정신적, 육체적으로 얼마나 많이 힘들까요.

남편한테 물어보았습니다. 통증이 있어 아프기는 해도 그동안 하던 집안일을 안 도와줘도 되고 상전처럼 가만히 있으면 대령해 주니 솔직히 좀 좋지 않으냐고요. 남편이 대답했습니다. 물론 손 하나 까딱하지 않아도 되니 좋기도 하지만, 자신의 의지대로 두 발로 돌아다니면서 차라리 집안일을 돕는 것이 훨씬 낫겠다고 합니다.

아파 보았던 사람은 너무나 평범하게 여겼던 자기 스스로 일어나 세수하고, 밥 먹고, 화장실 갈 수 있다는 것이 큰 기쁨이라는 것을 압니다. 가끔은 싫은 소리가 오가도 집안에 아픈 가족 없어서 아이는 책가방 메고 학교에 가고, 부모는 손수 운전해 출근했다 아무 사고 없이 집에 돌아오는 소소한 일상이 행복입니다. 가족 구성원들이 모두 건강해 각자의 일을 알아서 하고 그래서 내가 나의 일에 전념할 수 있다는 것만으로도 감사한 일입니다.

며칠 뒤 병원에 갔을 때, 당분간 재활치료를 해야 해서 앞으로 몇 주 더 운전이 어렵다는 얘기를 듣고 올지 모르겠습니다. 어쩌면 바로 운전은 가능하다는 희망적인 얘기를 듣고 올 수도 있고

요. 다음 주 출근하는 날 아침, 농담이 아닌 이 말을 꼭 다시 듣고 싶습니다.

"나, 갔다 올게."

안반데기 운유(雲遊)길

몇 년 전부터 길을 걷는 것이 일종의 붐처럼 번져 트레킹(Trekking)에 대한 열기는 지금도 계속되고 있다. 이러한 트레킹에 대한 관심은 기존의 잘 닦여 나 있는 길도 식상하다 여겨졌는지 제주의 올레길, 지리산의 둘레길, 강릉의 바우길 등 숨어 있는 여러 아름다운 길들을 발굴, 조성하기까지에 이를 정도로 뜨겁다.

'하늘 아래 첫 동네', '구름 위의 땅'이라고 이미 널리 알려진 왕산면 대기4리 속칭 안반데기는 2013년 안전행정부가 주관한 '전국 향토자원 베스트 30'에서 우수상에 선정될 만큼 우수한 자연환경을 가지고 있는 마을이다. 국민적 걷는 붐을 농촌 마을 활성화 열풍으로 승화시키고자 농촌진흥청과 강릉시농업기술센터에서 추진한 〈농촌체험연계 마을 걷는 길 조성사업〉의 일환으로 만들어진 길의 이름은 '안반데기 운유(雲遊)길'. 구름도 노닐다 가는 길이라니, 누가 지었는지 참 시적이고 멋지게 잘 지었다. 또한, 개통되면서부터 바우길 17구간으로 명명된 출발부터 남다른 훌륭한 길이다.

왕산골을 지나 닭목령을 넘어 내려오다 보면 해발 1,100m에 자리해 있는 안반데기에 들어서게 된다. '안반데기'는 떡메로 떡을 칠 때 받치는 안반처럼 우묵하면서 널찍한 땅이라 하여 붙여진 '안반덕(고원의 평평한 땅)'의 강릉 사투리로 '안반덕이'라고도 불렸다.

마을 안으로 들어가다 나오는 갈림길에서 '멍에 전망대'로 향하노라면 구름이 낮게 떠 있어 보일 정도로 고지대이다 보니 마치 산봉우리 하나를 오르는 느낌이다. 밑에 개간한 밭들을 보자니 꼭 낭떠러지에서 보는 것 같아 괜히 떨어질까 두려워 아찔했다. 멍에 전망대는 지난날 소와 한 몸이 되어 바로 이 험한 밭을 일구던 화전민들의 애환과 개척정신을 기리고자 밭갈이에서 나온 돌을 모아 세웠다.

여기서 이 땅을 일군 화전민(火田民)에 관한 얘기를 안 하고 넘어갈 수 없다. 안반데기 운유길이자 강릉 바우길로 지정되기 이미 훨씬 전부터 아름다운 절경을 카메라 렌즈를 통해 담아내는 사진작가들의 사랑을 한 몸에 받아 오고 있는 안반데기는 탄생한 땅의 역사를 알면 가슴이 짠해 오는 곳이다.

안반데기는 1965년 이후로 국유지 개간이 허가되어 곳곳에 흩어져 살던 화전민들이 무성한 잡목과 자갈로 뒤덮인 척박한 땅에 모여들어 자신의 꿈과 희망을 곡괭이에 담아 일궈냈다. 화전민들은 임대받은 땅에 감자, 약초 등을 재배해 오다가, 1990년대 중반에 경작자들에게 매각한 농지를 사들여 완전히 정착하였다.

화전은 대부분 20~30도 이상의 경사진 산허리에서 이루어진다. 심한 경사를 가진 화전에서는 기계 농업이 불가능하였고, 설령 기계농이 가능하더라도 그만큼의 비용을 지불할 능력이 되지 않았던 시대에 화전민들은 소와 함께 밭을 일구었다.

돌계단을 한 단 한 단 밟으며 멍에 전망대에 오르면 강릉 시내와 동해가 한눈에 내려다보인다. 밭으로 개간된 산 능선의 풍경은 겨울의 찬바람에 속살을 드러내고 있어도 아름다움을 감추지 못했다. 하지만, 아름다운 장미에도 가시가 있듯이 안반데기의 가시는 돌산이다. 소중한 흙은 바람에 날려가고, 비에 쓸려가 없어져서 해마다 밭에서 새롭게 돌이 올라온다고 한다. 그러면 내년 농사를 위해 다시금 돌을 골라낼 수밖에 없다고 하는데 처음 개간하던 시절에는 오죽했을까.

그래서 안반데기를 손으로 돌을 일궈내야 했던 그들에게 소를 가지고 있다는 것은 큰 재산이었다. 비탈밭의 이랑을 갈 때도 소의 힘이 필요했고, 마땅한 비료가 없을 때 소똥에 풀을 작두로 썰어 넣어 섞으면 돌투성이 척박한 땅엔 최고의 거름이 되어 줬다. 소는 화전민들과 고된 노동을 함께 하며 애환을 나눈 한 가족이나 마찬가지였을 것이다. 밭을 일구면서 나온 돌로 쌓은 멍에 전망대는 그러기에 더욱 의미 있고 슬프고도 아름다운 곳이다.

현재 안반데기는 28개 농가가 거주하는 전국 제일의 씨감자 생산지이자 전국 최대 규모의 고랭지 채소 재배단지로 명성을 떨치고 있다. 하지만 과거 화전민으로 60년대부터 살아온 가구는 이제 다섯 가구 정도만 남아 있고, 나머지 대다수는 새롭게 이주해 온 가구들로 몇만 평의 땅을 인부를 사서 하거나 기계로 경작하는 모두 대농이라고 하니 세월의 급변함을 느낀다.

노력하는 자에게 하늘은 감복한다고 했던가. 하늘 아래 첫 동네에 갈 곳 없어 찾아와 둥지를 튼 화전민들에게 자연은 자신의 몸을 허락해 밭을 개간해 살게 했고, 그들이 자신의 몸에 손으로 이룬 이랑 이랑의 물결 따라 피어나는 풍경은 후대의 이 길을 걷는 이들에게 감탄을 자아낼 정도의 아름다운 풍광을 선사했다.

사람이 길을 만들고, 길은 삶을 만들고, 삶은 역사를 만든다. 화전민들의 고단한 삶과 애환이 서린 길을 걸으며 역사는 우리에게 무슨 말을 건네고 있는 걸까. 산줄기에서부터 불어오는 저 찬바람은 곧 눈부신 설경을 이루어 내리라.

가을 정취 더하는 모정(母情)의 소리

- 다듬잇돌

첩첩산중 정선에서 스무 해를 부모님 품 안에서 나고 자라다 이불 5금(衾)을 해 들고 강릉의 한 종갓집으로 시집을 왔습니다. 겨울 이불 2채, 여름 이불 2채, 봄·가을 이불 1채. 살림을 배운 뒤 분가를 허락한다 하시기에 시부모님과 형님네 식구들까지 층층시하 시집살이로 시작했어요.

농사일에 부엌일에 손 서툰 새댁이 해야 할 일은 왜 그리 많은지… 눈 뜨면 식구 수대로 밀려 나오는 빨랫감이 야속하기도 했습니다. 그중 이불 빨래는 했다 하면 사나흘 걸리는 건 예삿일이었지요.

4, 50년 전만 해도 아이들이 목욕할 정도로 물이 깨끗했던 남대천과 명주동 삼거리식당 옆 골목길을 80년대 들어 복개 공사를 하기 전 나무 널빤지나 철판을 걸쳐 놓고 건너다니던 집 앞 도랑에서 집집의 어머니들은 검은 빨래를 하얗게 빨래했어요.

옷가지며 이불 홑청은 비누칠해서 한 번 씻어내고 그 위에 잿물을 넣어 칠해서 가마솥에 푹푹 삶았습니다. 그런 뒤 빨래터에서 방망이로 힘껏 두들겨 빨아 한나절 우려냈다가 다시금 빨아서 탁탁 털어 빨랫줄에 널어 말렸지요.

마른빨래를 걷어다 밀가루나 쌀밥으로 만든 풀을 먹여 천의 씨실과 날실 곳곳에 풀이 잘 스며들게 한 다음에 또 말려내면 어찌나 천이 코팅한 것처럼 빳빳하면서도 시원한 느낌이 들던지요.

그럼 드디어 "빨래 끝~"이냐고요? 천만의 말씀, 이제부터 더욱 고단한 작업이 시작되는 거랍니다. 돌이나 단단한 박달나무로 만들어진 나무 위에 완전히 마른빨래를 적당한 크기로 접어 올려놓고 밤새 방망이로 두들기고, 두들기고, 또 두들깁니다.

이렇게 팔이 아프도록 다듬이질을 한 옷은 다리미로 쓱 다린 것보다 더 반듯하고 매끈하며 깨끗하게 구김이 펴질 뿐만 아니라 때도 덜 탔어요.

요즘은 이웃 간에 소음공해라며 신고를 하고 싸움이 날까 두렵지만 그 시절엔 앞집도 옆집도 모두 같이 담 너머로 울려 퍼지는 또그닥 똑딱 다듬이질 소리를 자장가 삼아 아이들은 잠이 들었습니다.

내가 손 마디마디 굳은살 박인 어미가 되어 가만히 생각해 보니 내 어머니도, 내 어머니의 어머니도 가슴에 맺히는 애환과 근심을 다듬이질하며 녹여냈겠다 싶어요. 다듬이질로 다져진 옷감은 우리 가족의 옷이 되어 입혀졌고, 다듬이질로 다져진 홑청은 우리 가족의 이불이 되어 덮어졌지요. 밤새 두들긴 어머니의 손길로 만들어진 옷과 이불은 궁핍하고 어렵던 시절을 이겨낼 수 있었던 따스한 사랑이었습니다. 딱딱한 다듬잇돌에는 내 어머니의 한숨과 슬픔이 배어 있고, 가족을 위해 헌신하던 어머니의 따뜻하고 부드러운 마음이 스며 있습니다.

지금 같은 편리한 세상엔 수많은 고된 시간과 정성을 쏟을 리 없기에 이제 더 이상 들을 수 없는 다듬이질 소리는 추억의 소리가 되었지만 또그닥 똑딱 그 리드미컬한 음률은 아직도 잊히지 않네요.

귀뚜라미 우는 달 밝은 가을밤, 내 어머니의 다듬이질 소리가 새삼 그립습니다.

세월을 길들일수록 빛이 난다네

- 동해일미식당 주물연탄난로

제 고향은 1,500도가 넘는 용광로입니다. 모래나 금형으로 된 틀에 용암 같은 뜨거운 쇳물을 부어 넣어 탄생한 주물 난로지요. 단순히 철판 몇 개 붙인 철제 난로와는 격이 다른 몸인지라 비교를 거부합니다. 제대로 된 주물 제품은 열효율이 높고, 변형이 적어 관리만 잘하면 반영구적으로 쓸 수 있답니다.

하지만 세월은 많은 것을 바꿔 놓는다더니 우리 연탄난로도 예외는 아닙니다. 전기·가스난로 등의 위세에 밀려 점점 사라져 가고 있는 추세입니다만, 요즘 같은 고유가 시대에 연탄 사용이 경제적이라고 다시 우리를 찾는 분들이 있어 기쁠 뿐이지요.

고물상에 넘겨져 운명했을지도 모를 제가 마음씨 좋은 사장님 내외분을 만난 지도 어느새 40여 년이 되어 갑니다. 주물 특성상 일체로 만들 수가 없어 2단 분리형으로 되어 있어도 어찌나 아귀가 잘 맞는지 가스가 전혀 새지 않는다고 기특해하셨습니다.

무쇠 가마솥처럼 제 몸에 기름을 잘 바른 뒤 불을 때 주면 표면에 코팅 막 같은 것이 생겨 녹이 슬지 않습니다. 주인아주머니는 겨울철이면 들기름으로 항아리 같은 제 몸을 정성껏 닦아 반짝반짝 윤을 내며 길을 들이고, 주인아저씨는 2주에 한 번씩 굳은 들기름이 표면에서 일어난 껍질을 공을 들여 벗겨줍니다.

마치 어린 왕자와 그의 장미꽃이 서로를 길들이고 서로에게 길들여진 것처럼 지금의 사장님 내외분과 저는 오랜 세월 서로를 길들인 사이입니다. 길든다는 것은 서로에게 익숙해져 가고 좀 더 서로를 잘 알아가 많은 추억을 함께하는 것이겠지요. 누군가에게 의미 있는 특별한 존재가 된다는 것은 참으로 행복한 일입니다.

여름에는 제가 있는 듯 없는 듯 한가로운 한량처럼 보이지만, 겨울이면 저처럼 바쁜 이도 없습니다. 찬바람 도는 11월에 묵은

먼지를 털며 일어나 겨우내 뜨거운 연탄불을 가슴에 품고 훈훈하게 실내를 덥히는데 애씁니다. 그뿐만이 아닙니다. 고구마와 밤을 구워 손님들께 맛도 보이고, 주전자에 차를 끓여 내어드리기까지 하니 인기 만점이지요.

식당을 찾은 나이 드신 손님들이 이런 귀한 난로를 어디서 구했느냐고 칭찬하거나 저를 꼭 데려가고 싶다고 조르는 분들을 만나면 제 얼굴은 어느새 홍시처럼 붉어진답니다. 주인 내외분들 덕분에 제 또래는 은퇴해 물러나 있을 지금까지도 건강한 몸으로 야무지게 현역으로 일하고 있으니 새삼 감사합니다.

콩나물시루 같았던 교실을 따뜻하게 데우던 시절에 도시락을 차곡차곡 쌓아 놓았던 아이들, 연통을 연결한 철삿줄 위에 눈싸움하다 함빡 젖은 벙어리장갑을 널어 말리던 아이들도 이제는 저처럼 나이가 들었겠지요. 발갛게 불을 지피는 제 앞에 오순도순 둘러앉아 내리는 함박눈을 바라보며 이야기꽃을 피웠던 많은 분들의 안부가 궁금합니다.

8월의 크리스마스 같은 오늘, 겨울밤 사락사락 눈 쌓이는 소리를 듣습니다.

내 마음이 법당

"엄마, 뭐 맛있는 거 없어요?"

아, 뭐 하는 일도 없는 것 같은데 점심 먹은 지 얼마나 지났다고 매일 꼬박꼬박 간식 타령인지 아이들 배 속에 누가 살고 있지나 않은지 좀 들여다보고 싶어진다.

코로나19 바이러스가 전국적으로 확산되면서 모든 유치원, 초, 중, 고교의 개학이 연기되는 초유의 사태가 벌어졌다. 몇 차례 추가 개학 연기가 발표되다가 급기야 온라인 개학이라는 것을 하였다. 말이 개학이지 몇 시간 컴퓨터 앞에 앉아 있기는 해도 집에 머무는 시간은 여전히 길어 방학이나 마찬가지다. 하여튼 1월 초에 겨울 방학을 한 후로 무려 4개월째 학교에 가지 않는 중이다.

요즘 내 일상을 네 글자로 요약해 말하면 '돌밥돌밥' 그 자체다. 돌밥돌밥은 아이들과 온종일 함께 하는 전국의 많은 엄마들이 '돌아서면 밥 차리고, 돌아서면 밥 차린다'라는 의미의 코로나 19로 탄생한 신조어이다.

우리집 두 녀석은 남자아이들인 데다가 한창 먹성 좋을 나이인 중·고등학생이다. 아이들은 코로나 때문에 바깥 활동을 하지 못하고 그저 집에 감금되다시피 해서 있자니 다른 즐거움이 없어 그런지 평소보다 더 먹는 것 같다는 생각이 든다. 어느 날은 그런 아이들에게 불쌍한 마음이 들어서 맛있는 음식이라도 먹고 잠시나마 행복감을 느끼라고 요리에 더 신경 쓰기도 했다.

이런 엄마의 마음을 알 리 없는 아이들은 아침부터 나를 부엌에서 방까지 왔다 갔다 하는 운동을 시키고 나서야 기상해서는 곧잘 시험에 들게 한다. 나의 노력으로 겨우 일어나 아침 식사를 한 후 온라인상으로 출석 체크를 하기 전까지 여유 시간이 꽤 된다. 그러면 내 생각에는 정신이 들게 얼른 씻고, 아침에 온 신문이라도 읽으며 시간을 알차게 썼으면 좋겠지만 아이들은 그렇지 않다. 한 녀석은 소파에 길게 누워 있고, 또 한 녀석은 다시

방에 들어가 누워 비비적거리고 있다. 세수와 양치는 늦게라도 하는 큰놈과 달리 작은놈은 학교에 가지 않으니 어물쩍 점심 먹은 후로 미룬다.

수업이 시작되면 바른 자세로 열심히 잘 들어줬으면 싶은데 딱 잠 오기 좋은 자세로 비스듬히 앉아 볼륨도 들릴락 말락 제대로 강의를 듣고는 있는지 의심스럽기만 하다. 동영상 강의를 틀어놓은 채 게임을 하는 현장을 잡아 한바탕 언성이 높아지고 난리가 난 적도 있다. 맨 처음에는 수업 시간을 딱딱 지켜가면서 듣더니 친구들과 메신저로 대화를 나눈 뒤부터 이제는 몰아서 수업을 듣고는 남는 시간은 자유시간으로 쓴다. 그 여유 시간에 독서를 하며 마음의 양식을 쌓으면 좀 좋겠냐마는 휴대폰으로 동영상을 보면서 낄낄거린다.

결론적으로 프리랜서 작가인 내가 집에서 글을 쓰기 위해선 맥이 끊기지 않게 집중해야 하건만 들여다보아야 할 일이 계속 이어서 일에 제대로 전념하기가 어렵다. 아이들이 학교에 가지 않는 요즘, 평소 등교시킨 후 아무한테도 방해받지 않고 작업에 몰두할 수 있던 나만의 시간이 그립다. 가끔은 엄마가 놀지 않고 작업을 하는 걸 보면서도 이렇게 저렇게 신경 쓰이게 하는 아이들에게 얄미운 마음이 올라오기도 한다.

코로나19 사태가 장기화 국면에 들어서면서 세상에 없던 또 하나의 병도 생겼다. '코로나19'와 '우울감(blue)'이 합쳐진 신조어로, 일상에 큰 변화가 닥치면서 생긴 우울감이나 무기력증을 뜻하는 '코로나 블루'라는 병이다. 특히 학부모들은 사랑하는 아이들과 24시간을 복닥거리다 3개월이 지나면서부터 은근히 드러나지 않는 스트레스가 추가로 쌓인다고 하니 그 사정이 충분히 이해되고도 남는다.

코로나19 예방을 위해 실내에서 다수의 밀접한 접촉이 일어나는 종교행사를 자제해 달라는 안전 안내 문자는 주말마다 온다. 가톨릭과 불교계는 각각 미사와 법회를 전격 중단하며 잘 이행 중이나 기독교는 현장 예배를 포기하지 않고 있다. 교인들의 헌금으로 교회가 운영되어서 그렇다는 등의 얘기가 분분하지만, 기독교계가 그러는 실제 이유에 대해선 잘 모른다. 하지만, '나 하나쯤이야' 하는 안일한 행동이 또 다른 감염확산으로 이어질 수 있기에 우리가 질본에서 제시하는 안전 수칙을 잘 지켜야 코로나 사태 종식이라는 희망에 한 발자국 다가갈 수 있다는 것은 안다. 종교의 자유보다 국민의 안전과 생명을 지키는 일이 우선되어야 하지 않을까.

예수는 남에게 보여 주기식의 이방인과 같이 기도하는 습관을 지적하고 골방에 들어가 문을 닫고 기도하라고 말씀하셨다고 한다. 꼭 교회 건물에서 예배해야만 진실한 기도를 할 수 있다고 생각하지 않는다. 생전에 법정 스님은 "주말에만 절이나 교회를 찾아 고개 숙일 생각 말고 평소 일상에서 신앙을 실천하라."는 내용의 법문을 하신 적이 있다.

가족들과 부대끼며 사는 우리 집이, 하루에 수십 번도 넘게 생각이 일어났다 고요해지기를 반복하는 내 마음이 곧 법당이다. 매주 절에 가서 법회에 참석하지 못해도 내가 지금 여기 머물며 살아내는 삶의 현장이 곧 수행처이거늘 어느 먼 곳에서 참된 도를 구하겠는가.

늘 그립고 감사한 나날

한여름 밤

오늘은 후배 가족과 함께 캠핑을 가는 날이다.

캠핑을 가기 위해 짐을 꾸리면서도 살짝 걱정되는 마음이 드는 걸 어찌할 수 없다. 며칠째 열대야가 계속되고 있는 이 더운 날에 텐트를 쳐야 하다니…. 어젯밤에 물을 더 많이 얼려 놓지 않은 것에 대해 뒤늦은 후회를 하며, 가는 길에 마트에서 얼음물을 몇 통 더 사야 할까 하는 생각으로 머릿속이 복잡하다.

캠핑을 즐겨 다닌 지 몇 년의 세월이 흐르다 보니 텐트를 치고 접는 속도가 이제는 제법 빠르다. 옆에서 낑

낑거리며 텐트와의 사투를 벌이고 있는 초보 캠퍼를 도와주는 여유가 있는 것은 물론, 주변의 좋은 사람들과 캠핑의 즐거움을 함께하기 위해 캠핑 홍보대사 역할을 자처하고 있다.

그러던 터에 드디어 우리의 권유에 힘입어 캠핑에 입문하게 된 후배 가족이 탄생했다. 가장 중요한 텐트를 큰마음 먹고 장만한 후 알려준 대로 나머지 기본적인 물품들도 구입하였다. 우리는 캠핑을 많이 다니기 때문에 굳이 더위가 심한 한여름에는 다니질 않는다. 여름 한 철만 다니는 것도 아닌데 1박 2일의 짧은 시간을 위해 뙤약볕 아래에서 텐트를 펴고 접는 수고를 하기에는 꾀가 난 것이다.

하지만, 후배 부부는 하루빨리 그 어느 곳이든 가서 장만한 텐트를 펼쳐 보고 싶어 했다. 고기도 멋있게 굽고, 술잔을 기울이며 이야기꽃을 피우는 캠핑의 낭만을 즐겨보고자 하는 그 설레는 마음을 왜 우리가 이해하지 못하겠는가. 그래서 우리는 이 한여름에 그들의 첫 캠핑 안내자로서 함께 가주게 되었다.

남편의 도움을 받아 텐트를 친 후배의 남편은 땀을 비 오듯 쏟으며 이글이글 타오르는 불판 위에 고기를 구웠다. 열기로 인해 더위도 함께 먹는 듯했지만 두 가족의 분위기만큼은 좋았다. 긴 저녁 식사를 마치고 각자의 텐트로 돌아가 잠을 청했다. 근처에 바다가 있고 소나무들이 있는데도 바람 한 점 불지 않아 전혀 시원하지 않은, 참으로 더운 한여름 밤을 맞았다.

첫째 아이와 남편은 머리가 바닥에 닿으면 금세 잠을 자는 유형인지라 그 더위 속에서도 빨리 잠이 들었다. 나도 잠을 이루지 못하고 있었지만, 문제는 더위를 유난히 많이 타는 둘째 아이였다. 덥다며 몸을 뒤척이고 칭얼거리느라 통 잠을 이루지 못했다. 텐트의 옆면은 모기장만 남겨두고 열어 놓았어도 바람이 불지 않아 아무런 소용이 없었다.

다행히 챙겨 간 부채로 아이 옆에 앉아 부채질을 해주었다. 이제는 자는가 싶어서 부채질을 멈추면 아이는 그새 눈을 뜨고는 계속 부채질을 하라고 보챘다. 시간이 지나 팔이 슬슬 아파 오자 빨리 푹 자지 않는 아이에게 슬며시 짜증이 일어나는 마음으로 부채질을 하던 나는 불현듯 어린 시절의 한여름 밤이 떠올랐다.

초등학생이었을 때, 서울에 사는 먼 친척들이 동해안으로 피서를 왔다. 허리가 아팠던 어머니를 집에 두고 홀로 손님치레를 하게 된 아버지를 따라 우리들은 함께 물놀이를 하러 갔다. 아버지는 피서객이 많은 경포를 벗어나 그 당시에는 알려지지 않아 너무나도 한적했던 정동진에 가서 민박집을 잡으셨다. 우리 일행들은 마치 바다를 전세 놓은 듯 시원한 바다에서 하루 종일 재미나게 놀았다.

그런데, 저녁 무렵이 되자 일이 났다. 수영을 못해 튜브에 의지해 놀았더니 물속에 잠겨 있던 하체 부분은 괜찮았지만, 바깥에 드러나 있었던 어깨와 팔 부분이 햇볕에 심하게 타서 마치 화상을 입은 것처럼 아파 온 것이다. 지금은 선풍기, 에어컨 등을 겸비한 숙소가 많지만, 그때는 물자가 부족했던 시대라 그 민박집에는 선풍기조차 없었다.

벌겋게 달아오른 어깨 부분에서는 밤이 되니 열이 펄펄 나는 듯했다. 다른 사람들은 물놀이에 지쳐 곤히 잠든 그 시각에 나 혼자 울며 잠을 이루지 못했다. 그러자 아버지는 방에서 나를 데리고 나와 마루에 앉아 당신의 무릎에 나를 엎드리게 하시곤 부채질을 해 주셨다.

아버지가 부채질을 조금이라도 쉬는 것 같으면 나는 뜨겁다고, 아프다고 칭얼거렸다. 그날 밤도 오늘처럼 야속하게 바람 한 점 없었던 여름밤이었다. 끊임없이 살랑살랑 몸에 전해져 오는 바람으로 몸의 열기를 식히며 나는 어느새 스르르 잠을 잘 수 있었다.

열린 창문으로 희미한 달빛이 들어온 것도 같고 고요한 새벽녘이었던 것도 같다. 설핏 눈을 떴는데 나의 아버지는 그렇게 앉은 채로 끄덕끄덕 조시며 무릎에 엎드려 있는 나를 위해 무거운 팔로 천천히 하지만 계속 부채질을 해 주고 계셨다. 그걸 보면서 나는 잠결에도 안심하며 또다시 눈을 감았다.

아버지는 그날 밤 사랑하는 딸을 위해 얼마나 고단한 밤을 보내셨을까. 내심 아이가 빨리 잠들지 않아 짜증 섞인 부채질로 거친 바람을 일게 하던 나의 손이 부끄럽다. 밤새 눕지도 못하고 앉은 채로 밤을 새우며 어린 딸을 잠재운 내 그리운 아버지를 생각하니 두 눈에서 뜨거운 눈물이 솟는다.

그 옛날 그 밤을 닮은 한여름 밤, 숨소리만 들리는 고요한 텐트 안에서 입을 막은 나의 몸은 주체할 수 없는 강한 바람에 휘청거리는 나뭇가지처럼 크게 흔들린다.

수학여행

첫째 아이가 오늘 수학여행을 떠난다.

태권도장 등에서 여름 캠프를 다녀온 적이 몇 번 있기는 하지만, 1박 2일의 수학여행은 초등학교 6학년 전체 학생의 졸업 여행이라고 말할 수 있어서 다가오는 느낌부터가 다르다. 내 품 안에서 젖을 먹던 어린 아기가 아장아장 걸으며 재롱을 떨다가 초등학교에 입학한 게 엊그제 같은데 이제 곧 내년이면 초등학교를 졸업하고 중학생이 된다는 의미가 함축되어 있기 때문이다.

전날 낮부터 수학여행을 다녀오는 사람은 아이인데

내가 제일 바빴다. 아이가 먹고 싶다고 한 간식도 준비하고, 분실 위험을 낮춰 보고자 외할머니께서 주신 용돈도 잔돈으로 바꿔 놓았다. 여자아이들은 야무져서 별걱정이 없을 것 같건만 남자아이이다 보니 짐을 꾸리는 내내 할 말이 끊이지 않았다.

거기다 경주 마우나오션리조트 체육관 붕괴 사고며 단원고 아이들의 세월호 사고 등 안전치 못한 시대를 살아가는 학부모이기에 마음 한편이 불안했다. 학교에서 안전교육을 받고 왔다고는 해도 마음이 놓이지 않는 엄마는 이런저런 얘기를 열심히 하고 있는데, 아이는 신나게 놀이기구를 탈 생각에 잔뜩 마음이 들떠서는 건성으로 듣고 있는 듯해서 영 미덥지 못했다.

드디어 오늘 새벽 6시에 학교에 집결하라고 해서 5시 반에 아이를 깨워 간단히 따뜻한 아침밥을 먹였다. 어젯밤 평소 아옹다옹 다투던 둘째 아이가 자기도 형한테 잘 다녀오라는 인사를 하고 싶으니 새벽에 꼭 깨워 달라고 부탁한 게 있어 살짝 나갔다 오려다 약속대로 깨워 주었다. 집 안에서 인사하고 다시 자겠거니 한 둘째 아이가 기특하게 자신도 나를 따라 버스 있는 데까지 가서 배웅해 주겠다며 주섬주섬 옷을 입고 따라나서는 게 아닌가.

그런데, 다리를 다친 아빠를 제외하고 엄마와 동생이 애틋한 마음으로 배웅해 주러 간다는데 정작 첫째 아이는 정색을 하며 도대체 왜 따라 나오느냐고 싫은 내색을 했다. 한나절 소풍이 아니라 하룻밤 밖에서 잠을 자고 오는 것이어서 버스 타고 떠나는 뒷모습이라도 보며 배웅해 주고픈 엄마의 마음도 몰라주고, 아들은 그냥 대문 앞에서 인사하면 되지 6학년인데 무슨 창피하게 학교까지 엄마가 따라오냐며 섭섭한 소리를 했다.

빠른 걸음으로 앞서가는 아들의 뒷모습을 보며 둘째 아이와 그 뒤를 따라가자니, 갑자기 내가 극성 엄마 취급받는 느낌이 들었다. 사고 없이 즐거운 시간 보내다 무사히 귀가하길 바라며 손 흔들어 주는 아름다운 추억조차 못 만들게 하려는 아들에게 괘씸한 마음도 들었다. 학교 밑 도로변에 먼저 와 서 있는 다른 자모들을 만나 하소연을 했더니 독립심 강한 아들로 잘 키워놨다고들 하지만 그다지 위로가 되지 않았다.

반별로 줄 맞춰 내려오는데 여자아이들은 자기 엄마를 찾아 손을 흔들며 아는 척을 했지만, 사춘기에 접어든 우리 아들은 끝내 엄마를 못 본 척하며 차에 올라탔다. 그렇게 아들과 눈도 못 맞춘 채 버스를 떠나보내면서 마치 군에 입대하러 버스 태워 보내는 부모의 심정이 이럴까 싶었다.

집에 걸어가다 보니 그 옛날 나의 초등학교 6학년 수학여행이 떠올랐다.

첫딸이라고 유독 애지중지하셨던 아버지께서는 학교에 가서 선생님께 우리가 묵을 숙소 이름과 전화번호를 알아 오라고 하셨다. 그리고, 전날 저녁에는 학교에서 나눠 준 수학여행 관련 유인물을 모두 갖고 오라고 하셨다. 아버지는 무리에서 이탈하지 않는다, 위험한 곳에 혼자 올라가지 않는다 등의 안전에 관한 부분에 빨간색 밑줄을 그어 놓고 형광펜으로 칠까지 해 놓으시곤 나를 불러 다시 한번 그 부분을 읽으라고 하셨다. 물론 나도 우리 아들처럼 이미 다 알고 있는 것을 왜 또 읽으라고 하나 하며 마지못해 건성으로 읽었다.

수학여행을 가서 하룻밤을 자고 난 이튿날 아침 일찍, 설악산 흔들바위까지 산행을 하려고 앞반부터 이동하고 있을 때였다. 마침 우리 반이 맨 마지막 반이어서 제일 늦게 출발하고 있는데 갑자기 숙소 사람이 허겁지겁 달려와 선생님을 찾았다. 선생님은 나를 불러 집에서 전화가 왔다며 숙소 프론트로 데려갔다. 휴대폰이 없던 시절 이렇게 전화를 걸어 아이를 찾을 시에는 분명 집안에 무슨 변고가 생겨 알리기 위해서였을 거라고 추측하신 선생님들은 산행 행렬을 중지시킨 뒤, 모두 나를 둘러싸고 나의 전화 내용에 귀를 기울이셨다.

긴장감이 감도는 분위기 속에서 받아든 수화기 너머에서는 자상한 목소리가 들렸다. 아버지는 "우리 딸, 잠은 잘 잤어? 밥은 잘 먹었고? 밥은 뭐 주디?" 하고 태평하게 안부를 물으셨고, 나는 "잘 잤다. 짜장밥 먹었다." 뭐 이런 대답을 했다. 우리 부녀의 대화를 들은 선생님들의 안도감을 넘어선 허탈한 표정을 나는 아직도 잊지 못한다. 이 민망한 상황을 끝내고자 "아빠, 나 끊어야 해. 지금 산에 가야 한단 말이야." 하자 아버지는 "어, 그래? 알았어. 조심해서 잘 갔다 와. 사랑해." 하며 끊으셨다. 본의 아니게 이 전화 통화 하나 때문에 산행을 잠시 중단시키게 된 나는 그날 정말 정말 많이 창피했었다.

그때 나의 아버지도 지금 내가 아이를 보내는 그런 마음이셨겠지. 수학여행 날 밤, 귀하디 귀히 여기는 사랑스러운 어린 딸을 보내 놓고 잠이나 제대로 주무셨을까. 하룻밤 사이의 안부도 궁금해하신 아버지는 저 먼 곳에서 오랜 시간 얼마나 많은 날들의 내 안부를 궁금해하고 계실까.

그때 아버지의 안부 전화를 웃으며 감사히 받기에는 내가 너무 어렸고, 지금은 어린 아들을 보며 아버지의 심정을 이해하게 되었지만, 이제는 그 따뜻한 음성을 들을 수 없다. 내 아이도 학교 아래에서 배웅하겠다고 한 엄마를 창피해했지만, 지금의 내 나이가 되면 뒤늦게 나처럼 그 마음을 헤아릴 수 있을까. 아버지의 안부 전화를 더 이상 받지 못하는 지금, 모든 것이 그립다.

이른 아침 골목길에 내 안의 아이가 눈물을 훔치며 둘째 아이의 손을 꼭 잡고 타박타박 걸어간다. 갑자기 안개가 낀 듯하다.

아바이 회국수

점심시간이 되기 전, 조금 일찍 식당에 들어섰는데도 입구에는 먼저 온 손님의 신발들이 즐비하다. 방 하나 규모의 작은 식당이라서 금세 사람들로 가득 차기도 하지만 아는 사람들만 아는 맛집이기에 벌어지는 풍경이다. 딱 한 테이블이 남아 있어 얼른 자리에 앉으며 오늘은 기다리지 않아도 되니 운이 좋구나 싶어 먹기도 전에 벌써 즐겁다.

나는 평소에도 면으로 된 다양한 요리를 즐겨 먹는다. 별다른 반찬을 곁들이지 않아도 후루룩 후루룩 간단하면서도 맛있게 먹을 수 있으니 얼마나 매력적인가. 오늘처럼 더워서 입맛이 없거나 불 앞에서 요리하기 싫은 여름날이면 더더욱 시원한 면 요리를 찾게 된다.

여름철에는 속이 다 얼어붙을 정도로 차가운 육수나 동치미, 콩 국물에 말아 먹는 면 요리가 단연 인기다. 대개는 냉면이나 비빔냉면, 막국수, 콩국수 등을 먹는데 오늘 선정한 점심 메뉴는 조금은 특별한 '아바이 회국수'의 가자미 회국수이다.

'아바이 회국수'에서는 모든 것이 단순하다. 차림표는 오직 국내산 가자미를 재료로 하는 회국수와 회덮밥, 회무침이 전부다. 운영하는 인원도 단 두 명으로 단출하다. 남편인 아저씨는 주방에서 요리를 담당하고, 아내분은 서빙과 계산을 하신다. 반찬도 백김치 딱 하나로 아쉬우리만큼 간단하다.

주요리가 만들어져 나오기 전에 작은 주전자에 따뜻한 멸치육수를 내어 준다. 차가운 회국수를 먹기 전 위를 한 번 데워주는 역할을 하는 것 같다. 또, 나중에 회국수를 먹다가 약간 매운 기운이 든다 싶을 때 한 모금 마셔주면 진정시켜 주는 역할도 한다.

'아바이 회국수'의 국수는 물국수가 아닌 비빔국수이다. 금방 삶은 국수 한 그릇과 산처럼 수북한 회무침 한 접시가 각각 따로 나온다. 넉넉한 분량의 소면 위에는 날치알과 김가루, 오이

채, 쪽파가 얹어져 있고, 싱싱한 가자미회와 생미역, 무채, 당근 등의 채소들이 초고추장 양념과 빛깔 좋게 어우러져 있는 회무침은 늘 풍성함을 넘어선다.

적당한 양의 회무침을 덜어와 잘 비벼 먹으면 매콤하면서도 새콤한 그 맛이 일품이다. 사실 내가 이 식당을 찾는 까닭은 음식이 맛있다는 것 외에도 또 다른 이유에서이다. '아바이 회국수'라는 상호가 가슴에 전해주는 분위기와 바로 다른 어떤 생선회도 아닌 '가자미' 회국수이기 때문이다.

회국수에 대한 궁금증은 뒤로 하고, 일단 '아바이'라는 단어에서 실향민들을 떠올리게 된다. 아바이 하면 강원도 속초시 청호동에 위치해 있는 주로 함경도 출신의 실향민들이 모여 산다고 이름 붙여진 '아바이마을'이 제일 먼저 생각난다. 함경도 사투리로 아바이는 아버지, 나이 많은 남성을 뜻한다.

1950년 한국 전쟁으로 피난 내려와 고향 가까운 청호동에 자리를 잡았다가 다시는 돌아가지 못하게 된 함경도 출신의 실향민들. 그들이 고향에 대한 그리움과 향수를 달래며 만들어 먹었던 함흥냉면(회냉면), 가자미식해, 오징어순대 등은 이미 전국적으로도 유명하다.

냉면보다는 덜 대중적인 회국수는 먹어보지 않은 사람들에게는 생소한 이름이다. 함경도는 '감자농마국수(감자녹말국수)'라고 해서 감자전분으로 만든 질긴 국수를 고기 육수에 말아 먹었다. 감자농마국수의 꾸미(고명)는 소고기, 돼지고기, 닭고기를 썼다. 바다를 낀 곳에서는 명태, 가자미, 홍어 등 물고기로 회를 만들어 쓰기도 하였으며 이렇게 회를 올려놓은 국수를 '회(膾)국수'라 불렀다.

추억의 음식을 재현하는 데 환경에 따른 재료는 가장 큰 걸림돌이 된다. 남한에서 가자미는 함흥이나 홍남보다 덜 잡혀서 명태가 그 자리를 대신하고 있다. 함경도 농마국수는 국물이 있는 물국수이지만 남한의 회국수는 국물이 사라진 비빔국수로 변했다. 또한, 감자 전분의 질긴 면보다 쫄깃하면서도 부드러운 남한 국수의 대명사인 소면을 사용한다.

작고하신 내 아버지도 함경도 출신의 실향민이셨다. 아버지는 생전에 가자미회를 무척이나 좋아하셨다. 지금도 언제나 제사상에 그토록 즐겨 드셨던 가자미를 빠지지 않고 올린다. 나이 들어 알아보니 함경도는 가자미가 많이 나는 곳이라고 한다.

다른 시각이나 청각에 의한 기억보다도 미각, 맛에 의한 기억은 불완전하면서도 끈질기고 고집스럽다. 고향을 떠난 사람은 고향에 대한 추억을 떠올릴 때 나고 자란 곳에서 먹던 음식으로 향수를 달랜다. 세상에 계시지 않은 어머니의 손맛을 잊지 못하는 자식들은 혀가 기억하는 그 맛을 찾아 집요하게 헤맨다.

고향을 잃은 자에게 음식은 추억의 실체다. 아버지를 잃은 나에게 당신이 즐겨 드시던 음식은 내가 추억하는 아버지의 실체다. 고향에서 먹던 음식을 만들어 먹으며 그리운 고향을 추억하듯 어쩌면 아버지가 그리운 날 아바이 가자미 회국수를 먹으러 오는지도 모른다.

나는 가자미 회국수를 꼬옥꼭, 천천히 씹으며 음미한다. 아주 천천히….

엄마의 도시락

"엄마, 기쁜 소식이 있어요."

학교에서 돌아온 아이가 싱글벙글하면서 말한다. 나는 무슨 좋은 일이라도 생겼나 싶어 괜히 가슴이 두근거렸다.

"학교에서 다음 주 화요일까지 도시락 급식이 연장됐대요. 그러니까 두 번 더 도시락을 싸갈 수 있어요."

이 말을 듣는 순간 나는 잠시 잠깐 멈칫했다가 얼른 엄마도 기쁘다고 했다.

아이의 학교는 급식실 리모델링 공사 중이다. 불편을

최소화하기 위해 여름방학을 시작하면서 바로 공사에 돌입하지만, 개학 후 열흘 정도는 공사를 더 해야 한다고 고지했었다. 그러면서 학부모들에게 공사기간 동안 아이들 점심을 가정에서 도시락을 싸 주는 것으로 하겠느냐 아니면 제공할 수 있는 단가에 맞춰 편의점 도시락으로 대체하겠느냐고 설문 조사를 했다.

내 어머니가 그 옛날 몇 해에 걸쳐 도시락을 싸 주시던 것에 비하면 열흘은 너무나 짧은 시간이었기에 나는 집에서 도시락을 싸주는 쪽에 동그라미를 쳤다. 그러나 압도적인 결과로 편의점 도시락 제공으로 결정 나서 마음 한편이 씁쓸했다.

다행히 학교에서는 방학 동안 지역의 친환경 도시락 납품 업체를 찾아 아이들이 MSG로 버무려진 편의점 도시락을 먹는 일만큼은 막았다. 문제는 한창 성장 중이어서 먹성 좋은 중학교 2학년의 남자아이에겐 도시락 양이 충분치 않아 금방 배가 고프다는 것이었다. 학교에서 급식을 할 때는 조리종사원 분께 양이 모자라면 더 달라고 할 수가 있는데, 1인당 똑같이 정해진 양의 도시락을 먹어야 하기에 아이는 늘 배가 고프다고 했다.

그런데 열흘이 지나고 공사가 지연되고 있다며 1주일가량 도시락 급식이 연장되었다. 우리 때와 달리 너무 좋은 세상에 태어나 자라고 있어 엄마의 사랑과 정성이 담긴 도시락을 매 끼니

먹지 못하며 학교생활을 하는 아이에게 내가 먼저 도시락을 싸 줄까 하고 제안을 했다. 아이는 학교에서 제공하는 도시락과 내가 싸주는 도시락 모두를 먹을 수 있다며 좋아라 했다.

그리하여 마트에 가서 3단 도시락통을 산 후, 내 스케줄이 적힌 다이어리를 펼쳐 놓고 나는 '아들 7번 도시락 싸기 대작전'의 전략을 짰다. 우선 고객 맞춤 전략의 일환으로 아이가 먹고 싶은 도시락 반찬의 메뉴를 접수해 적어 두었다. 값비싼 떡갈비에 손이 많이 가는 김밥까지 고객님의 희망 사항은 다양했다. 그래도 1년 내내 매일같이 싸주는 점심 도시락이면 어림도 없겠지만 단 7번만 한시적으로 싸주는 엄마표 도시락이기에 인심 쓰는 셈치고 고객님의 의견을 전적으로 수용해 주기로 결정했다. 며칠 이한 몸 봉사하여 최고의 만족감을 안겨줘 별 다섯 개를 받으리라 마음먹었다.

아이는 아침이면 "엄마, 오늘은 뭐예요?" 하며 요리하고 있는 내 주변을 기웃거렸고, 자신이 좋아하는 반찬을 담고 있는 걸 보며 흐뭇해했다. 대신 나는 평소보다 조금 더 일찍 일어나야만 했고 매일 아침 새 밥을 지어야만 했다. 저녁에 설거지거리가 많지 않아도 도시락통을 반드시 씻어 놓아야 해서 설거지를 부지런히 하는 주부로 거듭났다.

내 어머니는 4남매를 두었다. 한 아이 당 적어도 초중고 12년 동안 도시락을 쌌으며 그 옛날 야간자율학습을 하던 고등학교 시절에는 점심과 저녁 도시락 2개를 싸야만 했다. 어머니는 아침이면 늘 대여섯 개의 밥통과 반찬 통을 즐비하게 늘어놓고 그 작은 발로 종종걸음을 치며 바쁘게 움직였다. 밥보다 반찬을 더 많이 먹어야 건강하다는 신념을 가진 어머니는 당시 밥통보다 더 큰 반찬 통 용기를 따로 구입해 5대 영양소와 반찬의 색깔까지 고려해 가며 정성 어린 도시락을 싸 주셨다.

우리 집이 그렇다고 무척이나 풍족한 집은 아니었다. 다른 곳에 쓸 돈은 허리띠를 졸라매면서 아끼는 대신 건강을 생각해 가족들 입에 들어가는 먹을거리에 투자한 어머니 덕분이었다. 거기다 음식 솜씨까지 좋았으니 점심시간에 도시락을 꺼내 책상 위에 올려놓으면 다른 아이들의 부러움의 대상이었다.

어머니는 여섯 가족의 아침 식사와 평균 대여섯 개의 도시락을 싸기 위해 항상 새벽같이 일어났다. 빠듯한 형편의 생활비를 쪼개 장을 보면서 내일은 무얼 싸줘야 하나 걱정했다. 어느 날은 몸이 아파도 가족들의 식사를 준비하고 공부하는 자식새끼 배를 곯릴 수 없어 그 많은 양의 도시락을 쌌다. 작은 체구의 어머니가 맞는 아침은 그렇게 고단했다.

지금의 우리 엄마들은 자식들에게 물질적인 면으로는 그 옛날에 비할 수 없으리만큼 풍족하게 제공해 주고 있다. 하지만, 바쁘다고 귀찮다고 그 옛날 어머니들이 말로 하지 않고 몸으로 묵묵히 보여준 자기희생은 없다. 돈 들여 이 학원에서 저 학원으로 보내고 편리한 시대에 걸맞게 사느라 돈으로 무엇이든 대신하지만 제대로 된 정성은 빠져 있다는 걸 모른다.

이번에 또다시 공사가 지연된 탓에 이틀이 연장된 만큼 엄마가 싸주는 도시락을 2번 더 먹을 수 있게 되었다고 아들은 기뻐하는데, 겨우 며칠 '내 어머니 되어 보기 체험'을 잘 끝냈다고 생각하고 있던 나로서는 온전히 기쁘지만은 않으니 미안할 노릇이다.

고객님이 벌써 초밥과 떡갈비 주문을 한다. 아이고, 고객님. 정성껏 모시겠습니다. 하. 하. 하….

인연(因緣)

그리운 선생님께.

산에 핀 분홍 진달래 뒤를 이어 철쭉도 한창인 오월입니다. 그 옛날, 스승의 날 기념 조회 시간에 저희가 드린 카네이션을 가슴에 달고 단체 사진을 찍었던 적이 있지요. 저는 지금도 그날의 찬란한 햇빛 아래 꽃분홍 투피스를 입고 계셨던 선생님의 모습을 가장 아름다운 모습으로 기억하고 있습니다.

선생님은 그곳에서 건강히 잘 지내고 계신 거죠? 저희 가족도 선생님이 늘 지켜봐 주시는 덕분에 잘 지내고 있답니다. 올해 둘째가 초등학교에 입학했어요. 하긴 고등학교 1학년 때 담임선생님으로 만난 선생님과의 인연도 어느덧 26년이라는 세월이 흘렀으니, 참으로 세월은 흐르는 물과 같다는 것을 실감하게 됩니다.

대부분 남선생님을 연모하는 여고 시절, 저는 어떤 인연으로 여선생님인 선생님을 그토록 사모하였던 것일까요? 선생님으로부터 피천득 씨의 '인연'을 배우며 저는 어쩌면 선생님과의 인연을 이미 예견하고 있었는지도 모릅니다.

제가 2학년이 되었을 때, 선생님은 '인연'에 나왔던 성심여대 건물이 교무실 유리창 너머로 바라보인다는 춘천의 한 학교로 전근을 가셨지요. 선생님은 아들 민구를 낳으셨고, 저는 선생님과의 편지를 주고받으며 졸업을 했습니다. 원하는 대학의 국문학과에 진학하지 못했다고 나름의 개똥철학으로 제가 공무원이 되었을 때, 선생님은 유방암으로 한쪽 가슴을 허무셔야 했지요.

돌이켜 보면 밥을 먹듯, 시를 쓰듯 편지를 썼던 시절이었습니다. 원고지 몇 권도 모자라 영화나 행사의 대형 포스터 뒷면에 시시콜콜한 이야기들을 풀어냈습니다. 학교로 제 편지가 오는 날이면 무척 재미있어서 친한 선생님들과 함께 돌려 본다며 소설가가 될 것을 권하기도 하셨지요.

갑자기 아버지가 쓰러져 돌아가시고 슬픔의 나날을 보내고 있는 제게 선생님은 생전에 마지막 가르침을 주셨습니다.

"선생님도 남들보다 4년 늦게 대학에 들어와 이 길을 걷고 있다. 인생을 길게 놓고 봤을 때 몇 년 늦게 시작하고, 4년 다시 학교 다니는 것은 어찌 보면 아무것도 아닌 짧은 시간이다. 네가 제일 잘할 수 있고, 네가 진정으로 하고 싶은 일을 하렴."

저는 그 말씀에 용기 내어 주위의 우려와 반대를 뒤로 한 채 늦깎이 대학생이 되어 국문학을 공부할 수 있게 되었지요. 사실 선생님은 가슴이 따뜻한 사람이라야 사소한 이야기가 그렇게 예쁘게 나온다며 제가 아이들에게 좋은 이야기를 많이 들려줄 국어 선생님이 되길 바라셨다는 것을 알고 있습니다.

선생님은 암이 재발 되어 후두암, 폐암을 거쳐 결국 뇌에까지 전이 되었죠. 서울의 병원에 입원하신 소식을 듣고 병 문안차 갔다가 옆에서 간호해 주는 사람도 없이 홀로 고통을 견디고 계신 선생님의 모습에 제가 얼마나 마음이 아팠는지 모릅니다. 머리카락이 다 빠지고 심하게 야윈 선생님이 제 품에 안겨 초등학교 2학년짜리 아들을 두고 죽게 될까 무섭다며, 저더러 살려달라며 우셨던 일은 지금도 제 가슴을 미어지게 합니다.

저는 그대로 병원에 눌러앉았고, 3주 후에는 무의미한 치료를 중단하고 춘천의 집으로 함께 퇴원했습니다. 여름방학 동안 함께 있어 줬으면 좋겠다고 하셨을 때 제가 왜 그러겠노라고 한 줄 아시나요? 학비 충당을 위해 아르바이트를 해야 하는 상황이었지만, 제 인생에 있어서 그때 선생님 옆에 있어 드릴 수 있는 게 더 소중하고 가치 있는 일이라고 생각했기 때문이에요.

식사와 약을 챙겨 드리면서 목욕도 시켜 드리고, 얼굴 마사지도 해드리고, 재미있는 이야기와 좋은 음악도 들려 드리고…그렇게 꼬박 두 달이라는 시간 동안 선생님과의 마지막 시간을 제가 함께 해 드릴 수 있었던 인연에 대해 감사하게 생각할 따름입니다.

제가 개강해서 내려간 지 1주일 뒤 선생님은 이 세상과 안녕을 고하셨지요. 선생님의 마지막 길을 함께 한 그날, 선생님은 무덤 속에서 저와의 인연은 이제 끝났다고 생각하셨는지 모르겠네요. 그건 슬픈 오해였다는 걸 이제는 아시죠? 돌아가신 지 16년 동안 결혼 전에는 혼자서, 결혼 후에는 남편과 아이들이라는 새 인연들과 함께 해마다 선생님 기일 때마다 찾아뵙고 있잖아요. 그러니 깊은 산 속에 홀로 누워 계셔도 인연이 더 깊어진 만큼 외롭다는 생각은 부디 하지 말아주세요.

선생님, 저도 처음엔 선생님의 뜻처럼 교사가 될 생각이었는데 창작이 더 재미있어 방향을 틀었답니다. 졸업 후 방송 작가도 하다가 결혼해 아이를 낳으면서 제 손으로 키우겠다고 프리랜서로 돌려 꾸준히 글을 쓰는 일을 업으로 살아가고 있습니다. 작년부터는 다른 사람이 요구하는 원고를 써 주기보다는 제가 원하는 글을 쓰고 싶다는 생각에 시간을 쪼개 공부 중입니다. 언젠가 선생님과 저와의 러브스토리도 한 편의 소설이나 시나리오로 재탄생 될지도 모르니 기대하고 계세요.

스승과 제자로 만났지만, 저를 가르친 선생님이기보다는 앞으로 남은 삶의 좋은 친구로 발전해 가길 소망하신 선생님. 먼 훗날에도 가끔 편지로 안부 물으며 서로 그리워하면서 사는 마음 버리지 말자던 선생님. 허망한 약속만 남기신 채 떠나신 지 오래여서 오늘 같은 스승의 날에 불러도 대답이 없으시네요.

선생님께서 그러셨지요. 살아간다는 건 늘 안타까운 일이 많지만, 시간이 흐르면서 그 안타까움은 다 그리움이 된다고. 안타까움에 발을 동동 구르기보다는 안개를 내려다보며 가끔은 인생(人生)이 아름다울 수도 있다는 마음으로 주어진 것들을 사랑하라고. 저도 마음의 여유를 갖고 선생님이 가르쳐 주신 시선으로 세상사를 바라보겠습니다.

스승의 날을 맞아 지금의 제 모습으로 살아가게 이끌어 주신 선생님의 사랑과 은혜에 감사드립니다. 그리고, 제 사랑을 받아 자랑스러웠다는 선생님의 말씀이 거짓이 되지 않도록 선생님의 몫까지 더욱 열심히 남은 생을 살겠습니다.

그럼, 이번 기일 때 또 뵐게요.

궁남지에서의 나그네가

1990년대 유홍준 교수의 『나의 문화유산 답사기』가 대한민국에 답사 열풍을 몰고 왔을 때 나 또한 책 한 권을 들고서 전국으로 배낭여행을 다녔다. 자가용이 없어 몇 번이나 버스를 갈아타야 했어도, 친구들이 결혼해 가정에 묶여 있어 언제나 나 홀로 답사였어도 다녀오면 좋았던 시절이었다.

90년대 말 초여름 어느 날, 새로이 출판된 제3권을 배낭에 넣고 공주·부여 일대의 백제 문화재를 찾아 길을 나섰다. 먼 길 떠난 여행길이라 점심 먹는 시간도 아껴가며 능산리 고분군을 시작으로 부소산성, 백마강과 낙화암, 정림사터 오층석탑 등을 부지런히 다녔다. 집에서 계획해 간 일정표 시간과 달리 현지에서도 뚜벅이족으로 버스를 이용해 다니다 보니 생각보다 시간이 지체되었다.

그날의 일정상 제일 마지막 코스였던 '궁남지'에 6시 가까운 시간에 가까스로 도착했을 때는 비가 내리기 시작해 관람객들은 이미 다 나가고 을씨년스러운 분위기를 자아내고 있었다. 궁남지는 신라 선화공주와 결혼한 무왕의 서동요 전설이 깃든 곳으로, 우리나라 연못 가운데 최초의 인공 연못이다. 부여 남쪽에 위치한 백제의 별궁 연못이라는 『삼국사기』의 기록을 근거로 궁남지라 부른다. 궁궐은 터만 남아 있고, 연못 안에는 정자와 목조다리를 만들어 놓았다.

관리자가 퇴근할 무렵에 궁남지를 둘러보는 나에게 어떤 아저씨가 다가와 아무래도 관람 시간이 곧 끝난다거나 이제 끝났다거나 하는 얘기를 하신 것 같다. 나는 서둘러서 둘러보고 나가겠다고 잠시만 시간을 달라고 했을 것이다. 아저씨는 잠시 난감해 하는 것 같았지만, 어디서 왔냐고 해서 강릉에서 왔다고 하니 깜짝 놀라며 반가워했다. 고향이 강릉이었다고 했는지는 이제 기억나지 않지만 확실한 건 내가 다닌 대학의 역사학과를 졸업하고 이곳에서 근무하고 계신 분이었다는 것이다. 먼 곳에서 우연히 만난 동문의 연(緣) 덕분에 함께 궁남지 공원을 걸어주며 이런저런 설명을 해주시며 버드나무 아래에서의 인증샷도 찍어주셨다.

다 둘러보고 감사 인사를 하고 나서려는 내게 그분은 이제 해도 졌는데 또 어디로 가냐고 물었고, 나는 어디든 묵을 곳을 찾아 부여에서 1박을 하고 내일 일찍 공주로 향할 계획이라고 했다. 그러자 그분은 여관이나 모텔서 잔다는 말에 걱정하는 빛을 띠더니 자신의 아내가 일 때문에 친정에 가고 아이들만 있어 상황이 좀 그렇긴 한데 나만 괜찮다면 자신의 집에서 하룻밤 묵고 가는 건 어떻냐고 조심스레 말했다. 내가 그때 세상 물정을 몰랐던 것일까, 망설이며 고민한 끝에 나는 그 대학교 선배 되는 그분을 따라 집으로 갔다.

그때 나는 분명 궁남지에서 짧은 동행을 하며 그분으로부터 어떠한 믿음이 생겼기에 따라갔을 것이다. 그래도 성폭행을 하고 사체를 유기하는 사건을 보도하는 뉴스를 너무나 자주 보는 요즘 같은 세상에는 있을 수 없는 일일 수도 있다. 또, 한편으로 결혼을 한 지금에 생각해 보면 그 선배 되시는 분이 내게는 선의(善意)를 베풀었지만, 그의 아내 입장에서는 큰 부부싸움으로 번질 수도 있는 일이었다. 하지만 이 글을 읽은 분들이 혹여 이

분에 대해 잘못한 행동이라느니 하는 비난은 사절하겠다. 자신의 모교 출신이면서 역사에 관심이 많은 아가씨 후배가 인신매매범으로 흉흉했던 시기에 여관이나 모텔서 하룻밤을 자야 한다는 사실에 마음이 쓰이고 편치 않았던 그의 호의를 매도당하게 하고 싶지 않다.

나는 아이들과 함께 저녁을 먹고 잘 어울려 놀다가 온종일 돌아다니느라 피곤했던 몸을 어떻게 누인지도 모르게 잠을 푹 잤던 것 같다. 당시 숙박비를 아껴야 했던 가난한 나그네는 여관이나 모텔서 숙박을 할 때면 문을 꼭 잠그고도 밖에서 나는 발자국 소리에 거의 눈을 붙이지 못하고 찬이슬을 면한다는 심정으로 아침을 맞았었는데 모처럼 안락한 잠자리였다.

아침에 일어나 그분은 출근을 하고 나는 터미널로 향했다. 그때 감사한 마음에 강릉에 돌아가면 인사라도 전하려고 그분의 성함과 연락처를 알려 달라 해서 종이에 받아 적고 헤어졌다. 그런데 터미널에서 공주로 가는 표를 사면서 창구 옆에 종이와 우산을 두었다가 버스가 곧 출발한다는 말에 허둥대다 그만 그것들을 놔두고 탔다. 알아차려 발을 동동 굴렀을 때는 이미 버스가 떠난 후였다. 내가 연락처를 잃어버린 걸 모르는 그분은 그 뒤로 아무 연락 없는 내게 어쩌면 서운했을지도 모를 걸 생각하면 참으로 죄송하다.

옛날에는 지나가는 나그네가 하룻밤 묵어가길 청하면 인정(人情)이 있는 집에서는 누추한데 괜찮겠냐며 생면부지의 나그네를 받아주었다. 세상이 각박하다 못해 무서운 세상이 되어버린 요즘 같은 시대에는 이제는 정말 상상할 수 없는 옛날이야기가 되어 버렸다. 낯선 길 위의 나그네를 위해 잠자리를 내어준 그분의 마음을 나도 과연 따라 행할 수 있을까?

부디 그분을 다시 만나 뒤늦은 감사 인사를 드릴 수 있는 날이 왔으면 좋겠다. 그분이 베푼 인정은 불신의 시대를 살아가는 내게 세상은 아직 따뜻하고 살만한 곳이라는 긍정의 불씨를 지펴주는 힘이 되었다는 말도 꼭 전하고 싶다.

바람이 전하는 말

- 『수필문학』 2018년 6월호 「꽃이 말을 걸다」에 대한 화답

안녕, 애들아? 오래간만이야. 계속되고 있는 추위에 다들 건강히 잘 지내고 있었니? 오, 긴기아넘은 그새 꽃을 피웠구나. 향기가 참 좋다.

겨울 저녁이라 금세 어두워진 바깥에서 이번엔 어디로 달음박질을 해볼까 빈 페트병을 굴리며 잠시 생각하고 있는데 차에서 내리는 너희 집 주인을 본 거야. 갑자기 누굴 만나러 왔는지 호기심이 발동해 엘리베이터로 향하는 뒤를 따랐지.

초인종을 누르고 들어간 집은 글쎄 작년에 너희 집에

왔을 때 얘기(『수필문학』 2018. 6월호 「꽃이 말을 걸다」)한 적 있는 제라늄네 할아버지 댁이지 뭐야. 아무튼 너희 주인은 그 할아버지께 포장해 온 설렁탕을 수줍게 건넸어. 저녁 식사 시간에 맞춰서 오려고 했는데 길이 막혀 늦게 와서 죄송하다는 말과 함께.

제라늄네 할아버지는 초등학교 때 선생님이 밥 한술을 입에 넣으면 30번 이상 씹어 먹으라는 가르침을 철칙으로 삼아 좋은 식습관을 가지셨다고 해. 할아버지는 밥을 씹으며 숫자놀음을 할 때면 가끔 서울에서 직장생활을 할 때 즐겨 먹었던 안국동의 만수옥 설렁탕이 떠오른다고 하셨다지.(『수필문학』 2017. 1·2월호 나의 식도락, 「장칼국수」 중)

아마 그때부터 너희 주인은 혼자만의 다짐을 했나 봐. 몸이 편찮아 서울로의 발걸음은 엄두도 내지 못하고 계신 제라늄네 할아버지를 대신해 언젠가 그 추억의 집 설렁탕을 갖고 와 오래간만에 맛보게 해드리겠노라고. 드디어 오늘, 너희 주인은 숙제 아닌 숙제를 제출한 것처럼 만수옥 설렁탕을 갖다 드린 거야. 고마워하시는 할아버지께 인사를 하고 집으로 향할 때 나는 너희들 얼굴도 볼 겸 슬쩍 무임승차를 해서 부부가 나누는 대화를 들으며 편안히 왔다는 거 아니니.

사실 마지막 수술 이후로 기력이 많이 쇠해진 할아버지는 이제 하루에 한 번 아파트 앞 공원에 운동하러 나가시는 일도 많이 힘에 부쳐 하셔. 너희 주인은 제라늄네 할아버지가 비가 내린다거나 날씨가 궂은 날이면 집에서 방안을 빙빙빙 도는 것으로 운동을 대신한다는 것을 알고 있더구나. 요즘처럼 추운 겨울, 약해지고 있는 근력을 위해서 할아버지가 오늘은 방안을 몇 바퀴나 돌고 계실까를 생각하면 마음이 젖어온다고 하더라.

맞다, 할아버지 댁에도 긴기아넘이 있었어. 근데 할아버지는 다른 꽃들도 좋아하시지만 빨간 제라늄을 특별히 예뻐하시지. 주로 흔들의자에 오도카니 앉아 계신 할아버지는 제라늄으로부터 당신의 심장을 다시 요동치게 할 강렬한 기운을 받고 싶은 게야. 아니, 붉고도 붉은색에서 정열의 나라 스페인의 투우사와 거친 숨을 내쉬는 소의 역동적인 움직임을 떠올리고 계신지도 몰라.

여든의 할아버지는 70대까지도 문학에 빠져서 갖고 있는 모든 정열을 불살랐지. 마치 투우사와 소처럼 할아버지는 문학과 사투를 벌이신 거야. 이제 경기가 끝나 투우사는 검을 칼집에 넣었고 소는 목동을 따라 고향의 초원으로 돌아갔어. 하지만 할아버지는 아직도 온 힘을 모아 행복하면서도 늘 전쟁 같은 문학이라는 놈의 뿔을 단단히 거머쥐고 계시는구나. 안약을 넣어도 시력은 더욱 흐려져 신문과 책을 읽을 수 없을 정도로 글자가 잘 보이지 않고, 때때로 머리를 감쌀 정도로 심한 두통에 시달리면서도 말이야.

제라늄네 할아버지는 몸이 아픈 것보다 더 이상 작품을 쓰지 못하게 되어 속이 상하다고 하셨어. 생명이 붙어 있는 한 가슴이 얘기하는 이야기를 글로 옮기고 싶은데 앞이 보이지 않으니 깊은 시름에 빠질 수밖에.

일찍이 찾아온 언어장애로 상대방에게 의사전달이 온전히 되지 못해 답답한 상황은 나날이 더해가고, 이제는 청력마저 떨어져 보청기를 끼웠어도 상대방의 얘기가 온전히 들리지 않는 상황은 나마저도 안쓰럽게 해. 너희 주인은 할아버지가 자신을 '작품조차 쓰지 못하는 한 마리의 언어장애인 동물에 불과하다.'는 자조적인 생각을 하고 계신다는 사실을 알게 된 날, 많이 슬펐대.

제라늄은 할아버지가 흔들의자에서 일어나 바깥출입도 하시고 책도 보고 맘껏 글 쓰는 날이 속히 오기를 고대하고 있어. 나도 할아버지가 반드시 그리되는 날이 오기를 바라는 마음이야. 할머니의 병환도 빨리 회복되어 병마로 인한 모든 고통과 우울함을 다 내려놓고 다시금 꽃들과 웃음 나누시면 좋겠어.

참, 너희 주인이 할아버지께 내일 데워 드셨을 때 식당에서 바로 먹는 게 아니어서 맛이 좀 덜해도 이해 바란다고 했거든. 그러니까 제라늄네 할아버지가 마지막에 웅얼웅얼 힘들게 너희 주인한테 뭐라고 그랬는지 알아? 바로 "이 설렁탕을 소재로 글을 써라."였어.

아, 정말… 천생 글쟁이 할아버지시지 않니?

그리운 홈스테이(Homestay) 친구들

우리 가족은 국내·외의 새로운 곳을 여행하고 현지에서 만난 사람들과 이야기를 나누며 그곳의 문화를 알아가는 것을 좋아한다. 그러던 어느 날, TV를 보다가 평창동계올림픽 방문객들의 숙박할 곳이 모자란다며 시민들의 많은 협조를 바란다는 '홈스테이(homestay)' 안내 자막을 보게 되었다.

결혼 전 젊은 시절에 1999년 평창(용평)·강릉·춘천 등지에서 개최된 제4회 강원동계아시아경기대회에서 시상식 도우미를 한 특별한 추억이 있다. 나중에 우리나라에서 이런 올림픽이 또 개최되면 그때는 통역 도우미나 일반 자원봉사자가 되어 참여하겠다고 결심했었더랬다. 그런데, 막상 동계올림픽이 다른 곳도 아니고 내 고장 강릉에서 개최되는데도 아이들 때문에 하루 종일 밖에서 자원봉사를 할 수 없어 마음은 굴뚝 같았으나 포기를 하고 있었다.

사실 낯선 이를 내 집에 들인다는 게 좀 두렵기도 했지만, 홈스테이를 통해 올림픽 기간에 강릉을 방문한 외국인에게 한국 문화를 알리는 민간 외교관이 되어 보이지 않는 곳에서 봉사를 하기로 마음먹고 용기를 내었다.

강릉시에서는 외국인을 상대로 홈스테이를 해본 경험이 없는 신청자들을 위해 올림픽 시작 1년 전부터 강릉을 방문한 외국인들을 매칭해 우리가 연습해 볼 수 있도록 했다. 나는 기회가 있을 때마다 손을 들어 불가리아, 말레이시아, 인도네시아 사람들을 우리 집에서 먹이고, 재우고, 관광 가이드처럼 강릉을 안내해 주며 경험을 쌓았다. 내가 전생에 외국인이었는지 우리집을 방문한 모든 외국인들과 친하게 지내다 짧은 시간이지만 정이 흠뻑 들어 헤어질 때마다 그렇게 아쉬울 수 없었다.

마침내 올림픽 기간에 우리집은 프랑스와 벨기에 이중국적을 가진 청년과 사업을 하는 러시아 부부가 매칭이 되었다. 그들이 오기 전부터 이메일로 특이사항이나 식사를 어떻게 제공해 주길 원하는지 등에 대해 사전 대화를 나누며 준비하는 과정은 설레고 즐거웠다.

1주일을 머문 벨기에 청년 스텐(Stan)은 잘생긴 20대 유럽의 법대생이었고, 이미 한국을 방문한 경험이 있을 정도로 한국 문화에 관심이 많았다. 빙상경기 종목이 인기가 높은 우리나라에 비해 유럽은 전반적으로 설상 경기에 더 열광한다. 그래서 주로 평창과 정선의 경기장에 가야 하는 날이 많아 나는 차량 2부제에 해당되지 않는 날에는 내 차로 강릉역에 태워 주었다.

스텐은 처음에는 낯선 나라의 낯선 가정의 사람들과 한 공간에서 지내는 것에 대해 살짝 경계하며 집에 돌아오면 방문을 닫고 나오지 않았다. 1주일이라는 시간을 이렇게 보내기 싫었던 나는 그의 마음을 먼저 노크했다. 저녁 식사에 초대해 우리나라의 대표 음식인 불고기도 맛보이고, 그가 저녁을 먹고 온 날에는 티타임을 가지면서 마음의 벽을 허물었다.

드디어 방문을 열어두고 거실을 왔다 갔다 하게 된 스텐과 우리는 윷놀이 하는 법을 가르쳐 주며 재미있게 게임도 하게 되었다. 여동생만 있어 남자 형제가 있었으면 했다는 그는 나의 두 아들을 동생처럼 귀엽게 여겨 주었다. 그의 빡빡한 일정 중 경기

관람이 없는 날이 딱 하루 있다는 정보를 들은 나는 강릉에 대해서 더 알고 싶다면 내가 가이드가 되어 줄 의향이 있으니 함께 관광할 것을 제안했다.

흔쾌히 수락한 스텐과 아이를 데리고 오죽헌에 가서 외국인들을 위해 진행하고 있는 투호놀이, 제기차기 등을 체험하게 했는데 무척 재미있어 했다. 경포대에 올라가 풍경을 감상하고 내려와 날씨가 조금은 쌀쌀했음에도 불구하고 경포호수를 반 바퀴나 걸었다. 초당의 허균·허난설헌 생가 터에 가서 전통차를 마시고 강문의 바다도 보며 점심을 먹었다. 내친김에 전통 시장에도 다녀오면서 우리는 알찬 하루를 보낸 만큼 친밀해졌다.

마지막 날에는 우리 아이가 피아노를 연주해 주자 스텐은 집에 있는 남편의 기타로 화답하는 차원에서 연주를 해주더니, 즉석에서 둘이서 콜라보 하는 멋진 장면도 연출해 냈다. 이렇게 한솥밥을 먹으며 정이 듬뿍 든 스텐을 기차역에서 배웅해 보낼 때는 나도 모르게 눈물을 글썽였다.

스텐이 떠나고 러시아 부부가 와서 3박 4일 동안 머물렀는데 솔직히 그들과는 좋은 추억을 만들지 못했다. 그들은 개인주의 성향이 너무 강했고, 우리집을 딱 숙박의 개념으로만 받아들였기 때문이다. 홈스테이의 호스트도 모두 다르듯 게스트도 각양각색이지 않겠는가. 세상에는 여러 부류의 사람들이 있다는 것을 또 한 번 느낄 수 있는 계기가 되었다.

올림픽이 개최되는 동안 메신저로 너는 훌륭한 호스트이기에 잘할 거라고 격려를 해주었던 사람들이 있어서 많은 힘이 됐었다. 바로 1년 전 우리 집에서 머물고 간 후 이제는 친구가 되어 메신저로 소식을 주고받는 외국인들이다. 말레이시아 친구는 영상통화를 하다 우리가 그리워 눈물을 보이기까지 할 정도로 정이 깊이 들었다. 서로들 자기네 나라 그들의 집으로 놀러 오라고 진심으로 얘기한다. 이제 세계의 친구에 스텐도 합류했고, 나는 항상 그들이 그립다.

언젠가는 우리 가족과 알렉산더, 풀, 무자, 앤드리, 살만, 스텐을 반드시 재회할 것 같은 즐거운 예감이 든다. 나의 홈스테이 친구들을 다시 만날 날을 상상하니 벌써부터 내 마음이 설렌다.

너와 내가 공존하는 삶

배려와 양보

집에 외국인 손님이 왔다. 저 멀리 서쪽의 나라 불가리아에서 열두 시간이 넘게 비행기를 타고 동쪽의 나라 대한민국에 도착했다. 두 번이나 비행기를 갈아타고 와서는 바로 인천 공항에서 버스를 타고 또다시 동쪽 깊숙이 자리하고 있는 강릉의 우리 집을 방문했다.

내가 유럽여행을 다녀온 기억에 의하면 장시간의 비행 때문에 다리가 붓고 허리도 아프고 몸이 많이 피곤했었다. 그러나 다행히 알렉산더(Aleksandar)는 신체 건강한 젊은이여서 그런지 피곤하지 않다며 이국땅에 대한 호기심으로 두 눈을 반짝였다.

강릉은 유서 깊은 고장이라 보여주고 싶은 곳은 많은데 집에 돌아와 저녁 식사를 준비해야 해서 오후 시간이 그리 넉넉지 않았다. 호기심 가득한 알렉산더에게 강릉의 어디를 제일 먼저 데려가 보여줄까 고민한 끝에 우리 집에서 그리 멀지 않은 곳에 있는 경포대로 향했다.

경포대에 대한 나의 설명을 열심히 들으면서 알렉산더는 감탄사를 연발했다. 그리고 경포대에서 보이는 경포호수의 아름다운 풍광을 담기 위해 연신 카메라 셔터를 눌렀다. 우리는 봄이면 벚꽃축제를 할 정도로 벚꽃이 장관을 이루니 그때 다시 와서 볼 수 있었으면 좋겠다는 얘기를 나누며 내려왔다.

주차되어 있는 차를 타고 다른 장소로 이동하려는데 알렉산더는 내게 호수가 있는 쪽으로 건너가 사진을 찍어오고 싶다고 했다. 아마도 경포대에서 찍은 호수는 멀리 원경으로만 나와서 근접 촬영을 하고 싶었던 모양이다. 알렉산더는 20대 후반의 성인이었기에 나는 주차장에 있을 테니 혼자 다녀오라고 했다. 그런데 둘째 아이가 굳이 그를 따라갔다 오겠다고 해서 첫째 아이와 나는 그들을 지켜보며 기다렸다.

경포호수가 무척 마음에 들었는지 이렇게도 찍고 저렇게도 찍으며 카메라에 담았다. 사진 촬영을 다 마친 그가 아이와 함께 내가 있는 주차장 쪽으로 다시 되돌아오기 위해 횡단보도 앞에 섰다. 키가 180cm가 넘는 장신의 그와 초등학교 5학년생인데도 또래보다 조금 작은 키인 130cm의 아이는 누가 보아도 눈에 띄는 조합임에 틀림이 없었다.

신호등이 없는 횡단보도 앞에서 두 사람은 차가 멈춰주길 기다렸다. 하필이면 오늘따라 오고 가는 차들의 행렬이 길었다. 그래도 나는 한국을 찾은 외국인에게 강릉의 좋은 인상을 주길 바라는 마음에 어느 한 방향의 차 한 대만이라도 멈추어 주길 바랐다.

나도 평소 이와 같은 상황에 보행자를 배려해 주는 마음씨 좋은 운전자를 만나 가벼운 목례로 감사 인사를 대신하며 길을 건넜던 적이 있다. 오늘도 그런 고마운 사람이 탄 차가 나타나기를 기대했다.

하지만, 몇 분이 지났을까. 차들은 야속하게 한 대도 멈춰 주지 않고 계속해 지나갔다. 나는 더 이상 그 광경을 지켜보고만 있을 수 없어서 하는 수 없이 횡단보도로 향했다. 내가 있는 쪽 도로의 틈을 노려 중앙으로 걸어 나가 다른 한쪽 도로로 주행하는 차를 향해 손을 들어 세우고 알렉산더와 아들을 안전하게 도로를 건널 수 있게 도왔다.

차에 그들을 데리고 오면서 운전대만 잡으면 배려와 양보를 잊어버리는 우리나라 교통문화의 현주소를 보인 것 같아 너무 부끄러웠다. 아니나 다를까 민망해하고 있는 나에게 알렉산더가 차를 타고 가며 물었다. 왜 운전자들이 기다려주지 않느냐고. 자신의 나라에서는 신호등이 없는 곳에서 길을 건너려는 보행자가 있으면 운전자는 무조건 잠시 멈춰 그들이 길을 건너가게 해 준다는 것이었다.

아, 다들 바빴나 보다고 변명하기엔 우리나라 운전자들의 고질적인 문제를 이미 나는 알고 있었다. 나는 그저 부끄럽다, 내가 대신해 미안하다는 말을 되풀이했다. 그 누구 한 명의 운전자가 잠시 정지해 외국인과 아이에게 길을 건너가라고 손짓해 주는 작은 배려를 베풀었다면 알렉산더는 얼마나 강릉, 더 나아가 대한민국에 대해 좋은 인상을 갖고 갈 수 있었을까 하는 생각에 붉어진 얼굴이 쉬 가시지 않았다.

자동차 대수는 기하급수적으로 많아지는 반면 배려와 양보의 미덕은 자꾸만 사라지고 있다. 운전대만 잡으면 레이서라도 된 듯 남들보다 무조건 먼저 가려 하다 보니 운전이 미숙한 사람들은 보복운전까지 두려워해야 하는 시대다. 나나 내 가족이 주행하거나 횡단보도를 건너려고 하는 데 어려움을 겪고 있다고 생각하면 양보하고 배려해 주기가 그렇게 어려운 일은 아닐 것이다.

이제는 우리나라의 교통문화도 한층 성숙해져야 할 시기에 이르렀다. 어느 나라는 도로를 건너려는 보행자가 항상 우선이고, 도로에서 튀긴 물이 행인에게 피해를 줘도 단속한다고 한다. 우리도 조급한 마음을 버리고 배려와 양보의 성숙한 준법정신을 장착하고 운전을 해야만 하겠다.

잠시 기다려주며 먼저 지나가라고 해주는 운전자의 손짓은 참 멋져 보이기까지 하다. 우리 모두 자동차 운행에서뿐만 아니라 일상에서도 여유를 아는 멋진 사람이 되었으면 좋겠다.

인성이 먼저다

"아휴, 엄마가 저 모양이니 딸들이 그랬지."

조양호 한진그룹 회장의 부인인 이명희 씨의 갑질 동영상이 추가로 공개된 뉴스를 함께 보던 식당 안 사람들은 입을 모아 말했다.

'갑질'이란 상대적으로 우위에 있는 갑(甲)이 자신의 우월한 신분이나 지위를 이용해 상대방인 을(乙)에게 오만무례하게 횡포를 부리는 행동을 폄하해 일컫는 신조어이다. 요즘 한진그룹 일가는 이러한 갑질의 아이콘으로 부상했다.

조양호 회장과 이명희 씨는 슬하에 1남 2녀를 두었는데, 올봄에 막내딸 조현민 전 대한항공 전무가 '물컵 투척' 사건을 일으켰다. 광고대행사와 회의를 진행하는 중에 대행사 직원에게 소리를 지르며 물이 든 유리컵을 던졌다는 것이다. 대한항공 측은 사실과 다르다는 해명을 하고는 있지만 부정적 여론은 가라앉지 않고 있다.

이 갑질 논란은 급기야 예전에 세간을 들썩이게 한 조양호 회장의 다른 자녀들의 부끄러운 사건을 다시 거론하게 만들었다. 국내뿐만 아니라 해외 언론에도 보도되어 세계를 떠들썩하게 만든 장녀 조현아 전 칼호텔네트워크 사장의 2014년 '땅콩회항' 사건과 아들 조원태 대한항공 사장의 18년 전 교통법규를 위반한 뒤 단속 경찰관을 친 후 뺑소니치고, 2005년 난폭 운전에 항의하는 70대 할머니를 폭행해 입건된 일이 재조명되었다.

'물컵 투척' 사건은 여기서 그친 것이 아니라 삼 남매의 어머니인 이명희 전 일우재단 이사장이 직원·운전 기사 등에게 욕설과 폭언을 일삼아 왔다는 의혹 제기로 이어지며 충격을 더하고 있다. 이제는 조양호 회장의 갑질 사례까지 폭로되는 와중에 조 회장 일가의 퇴진을 요구하는 집회와 필리핀 가사도우미 불법 고용 혐의, 밀수, 상속세 탈루 혐의 등에 대한 정부 기관의 수사로까지 일파만파로 번졌다.

가족 중 한 사람도 아니고 세 사람이, 그것도 갑질 때문에 모녀가 줄줄이 수사기관의 포토라인에 서게 되는 쉽지 않은 기록을 세웠다. '대한'이라는 단어를 사용한 나라를 대표하는 항공사를 운영하는 그룹이기에 가문의 수치를 넘어서 나라의 이미지마저 먹칠을 하고 있는 셈이다.

사회적으로 성공해 남부러울 것 없는 위치의 재벌가의 부모와 자식이 한 명도 빼놓지 않고 똑같이 갑질로 인한 사회적 물의를 일으킨 이 시점에서 '인성'에 대해 얘기하지 않을 수 없다. 인성은 마음의 바탕이나 사람의 됨됨이 등의 성품을 말한다. 사람으로서의 도리인 인성은 그 본바탕이 타고 나는 것도 있지만, 자라는 환경에 의해서 많이 좌우된다.

자녀의 인성 교육에 영향을 미치는 사람은 말할 것도 없이 부모이다. 그래도 그중 가장 크게 영향을 미치는 사람을 꼽으라면 아무래도 양육에 있어서 보다 밀접한 관계를 이루는 어머니라고 하겠다. 어머니의 식성대로 만들어 준 음식을 먹고 자라다 보니 그 식성을 닮고, 아버지의 걸음걸이를 흉내 내 걷다 보니 그 걸음걸이를 닮는다. 자식은 가르쳐주지 않아도 부모의 말투, 이웃을 대하는 태도, 화를 내는 방식 등을 자연스럽게 습득한다.

일상의 모든 것에 사람의 도리가 깃들이고, 부모의 일상의 모든 것들이 자식에게는 무언으로 배우는 학문이 된다. 그리 보면 인성 교육은 가르친다고 되는 것이 아니라, 부모인 내가 사람답게 처신하고 올바르게 말하고 행동하면 자식은 부모를 보고 저절로 배우게 되는 것이다. 사람들은 조양호 회장이 기업 경영은 성공했어도 자식 농사는 실패했다며 가정교육이 잘못되었음을 지적하는데, 애초에 부모의 인성이 문제였음이 천하에 드러나고 있지 않은가.

'딸을 알려면 그 어미를 보라'는 속담이 있듯이 부모는 자식의 거울이다. 부모를 보면 그 자식을 알 수 있고, 그 자식을 보면 부모가 어떠한지 알 수 있다. 조 씨 일가의 딸들이 폭언과 욕설을 하고, 타인에 대한 존중은커녕 몸에 배어 있는 무례함은 실수가 아닌 일상이다. 물론 이 딸들이 보고 배운 막말과 무례함의 원조는 당연히 어머니인 이명희 씨다.

도덕적 양심과 물질적 측면과의 균형 잡힌 생활이 조화를 이룬다면 부자가 삼대를 못 간다는 말은 사라질 것이다. 이것은 비단 부자들만 유념해야 할 사항이 아니라 우리 모두에게 해당되는 이야기다. 사람이 먼저인 아름다운 사회가 되기 위해서는 인성이 먼저가 되어야 하겠다. 더 이상 갑질과 관련된 낯부끄러운 뉴스를 접하게 되는 일이 없길 바란다.

최고 품격 유감

올여름은 지독한 폭염으로 우리나라 전 국민이 뜨거운 불가마 속에서 지내고 있다고 해도 과언이 아니다. 안전처의 야외활동을 자제하라는 재난문자를 받지 않은 날에도 어지간해서는 밖을 나돌아다니고 싶은 생각이 들지 않는다. 한 마리 흡혈귀처럼 태양을 피해 그저 시원한 에어컨 바람이 나오는 곳을 찾아다니며 여름을 살아내고 있다고나 할까.

지난 4월, '다산 신도시 택배 대란'으로 한바탕 갑질이네 뭐네 하며 여론이 들끓었던 적이 있다. 솔직히 아파트 입주민 측과 택배기사 측이 해결 방안을 모색 중이라는 보도 이후로는 바빠서 잠시 잊고 지냈다. 오늘 한 방송사가 이 사건의 '4개월 후 폭염 속 근황'이라는 제목으로 스케치한 영상을 보니 불쾌지수가 올라간다.

올해 초, 경기도 남양주시 다산 신도시의 한 아파트 단지 내에서 택배 차량과 입주민의 부주의로 차량 후진 시 아이가 치일 뻔했던 사고가 발생했다. 입주민들은 아파트 단지 내 지상 통로의 택배 차량 진입을 불허하며, 택배 기사에게 지하 주차장이나 아파트 입구에 차를 세워둔 뒤 손수레를 이용해 배송을 해 달라고 요구했다.

지하 주차장의 층고가 택배 차량 높이보다 낮아 저상 차량이 아닌 일반 택배 차량의 진입은 불가능하고, 저상 차량으로의 변경은 현실상 어려운 실정이었다. 급기야 택배회사가 배달을 못 해주겠다며 입구에 물건을 쌓아놓고 주민들에게 가져가라고 하는 희귀의 진풍경이 펼쳐졌다.

택배기사들이 반발하자 관리사무소 이름으로 엘리베이터에 붙여 놓은 '우리 아파트는 최고의 품격과 가치를 위하여 지상에 차량 통제를 시행하고 있습니다.'라는 택배 차량 통제 협조 안내문을 본 대다수의 국민들은 공분했다. 공지문에는 반발하는 택배기사에게 이럴 땐 이렇게 말하면 된다는 식의 대응하는 방법도 상세하게 적어 놓아 갑질 논란으로까지 번졌다.

실버 택배로 문제가 해결되는가 싶었으나, 정부 및 지자체의 비용이 들어가고 아파트 측은 비용 부담을 하나도 안 한다는 점이 알려지면서 국민의 혈세를 특정 아파트에 쓰지 말라는 취지의 국민청원이 시작되어 여론이 악화되자 철회되었다.

영상을 보니 결국 회사 측에서 아파트 입주자 측의 요구를 받아들여 택배기사들이 손수레를 이용해 배송해 주는 것으로 결론이 나 있었다. 1톤 차량에 가득 차 있는 몇백 개의 택배 물품을 작은 손수레에 일일이 쌓아서 아파트 입구에서부터 열 개 동 안으로 옮긴다. 수십 번씩 왕복을 하다 보면 배송 시간은 두 배 이상 걸린다고 한다. 심지어 어떤 기사는 온종일 땡볕에서 작업을 하고 손수레를 끌다 보니 팔에 화상을 입기도 했다.

다산 신도시 아파트가 제시한 해결책은 지하 주차장을 이용할 수 있는 저상 차량으로 교체해 배송하든지, 택배 차량을 바꾸기 어렵다면 걸어서 배송하라는 것이었다. '최고의 품격과 가치'를 추구하는 것은 좋지만, 그러한 아파트가 되기 위한 준비는 미흡했다. 전국의 어느 아파트에서건 잘 쓰이고 있는 일반 택배 차량이 진입하지 못하는 환경을 만들어 놓고 무리를 해서라도 본인들의 입맛에 맞게 배송해 달라는 것이 횡포가 아니면 무엇인가.

차 없는 아파트를 설계했다면 애초부터 건설사가 지하 주차장으로 택배 차량이 드나들 수 있도록 층고를 높여서 지어 놓았어야 한다. 열악한 택배회사 시스템에서는 따르기 어려운 요구 조건만 내세우지 말고 하다못해 차량 교체비용을 지원해 주든가 택배기사의 수고에 상응하는 택배비를 지불할 생각을 했어야 한다. 그것도 아니면 택배 차량이 드나들 일 없게 입주민들이 이번 사건에 대응했던 것처럼 한마음으로 단합해 온라인상으로 장보기를 하지 않아 택배를 이용하지 않든가 했어야 한다.

민주주의는 피를 먹고 자란다는 말이 있다. 민주주의 국가는 민주주의를 쟁취하기 위해서 수많은 국민들의 피와 땀을 필요로 한다는 뜻이다. '최고의 품격과 가치'를 지닌 아파트를 만들려면 그곳에 사는 입주자들의 희생과 노력이 요구된다. 자신들의 피와 땀은 흘리지 않고 애꿎은 택배기사들만의 희생과 노력만을 강요하는 것은 집단 이기주의에 지나지 않는다.

아파트 입주민들은 이 사건에서 승리함으로써 최고의 품격과 가치를 높였다고 미소 짓고 있는지 모르겠다. '최고 품격'의 기본 요건은 남을 배려하고 존중하는 성숙한 인격이다. 돈으로 지위는 살 수 있어도 가슴에서 우러나오는 존경은 살 수 없다는 말이 있다. 타인의 희생으로 차 없는 아파트 왕국은 이룩했지만, 품격과 가치의 탑은 모래성처럼 무너졌음을 알고 있길 바란다.

연일 기록적인 폭염과 싸우고 있는 택배기사들에게 아파트 단지 안에 걸려 있는 '택배기사들의 노고에 감사하다.'는 말이 적힌 현수막은 과연 얼마만큼의 위안이 되어줄지 의문이다.

힐링 캠핑? 킬링 캠핑!

우리 가족은 주말마다 짐을 꾸려 캠핑을 자주 다닌다. 올여름 휴가에도 정선의 한 깊은 산 속 휴양림에서 캠핑을 하며 2박 3일 동안 더위와 세상 시름을 잊다가 왔다. 집에 돌아와 열대야를 보내고 있노라니 서늘한 계곡 바람을 맞으며 별 헤며 잠든 이틀 밤이 사무치게 그립다.

몇 년 새 우리 같은 캠핑 인구가 폭발적으로 늘어나서 무려 200만 명에 이른다고 한다. 그러다 보니 전국에 크고 작은 캠핑장이 생겨나 1,000여 곳이 된다는 얘기도 있다. 여기에 발맞춰 출판계에서는 캠핑장이 너무 많아 어디를 가야 할지 모르는 이들을 위한 가이드북이 쏟아져 나오고, 텐트와 아웃도어 용품을 비롯해 캠핑용 간편 음식 등도 덩달아 호황을 누리고 있는 추세다. 특히 어린 아이들을 둔 집이라면 유행처럼 번지고 있는 이 캠핑 열풍을 견뎌내기란 쉽지가 않다. 한 마디로 요즘 대한민국은 캠핑이 대세다.

캠핑의 열풍이 좀처럼 식지 않고 있는 데에는 TV의 영향이 크다. 몇 년 전 복불복 게임을 해서 야외취침에 당첨된 사람들은 추운 날씨 속에서도 텐트 안 침낭에서 잠을 자야만 했던 한 예능프로를 시작으로, 지금도 캠핑을 배경으로 하는 각종 예능 프로그램이 꾸준히 방영되고 있다. 재미있게 방송을 시청하던 이들은 호기심을 갖게 되고 분위기에 휩쓸리면서 캠핑 대열에 동참하게 되는 것이다.

나의 캠핑에 대한 사랑은 시기적으로 지금의 이런 캠핑 붐과 맞물려 가치절하 된 면이 있어 아쉬운 마음이 든다. 나의 캠핑 역사는 7, 80년대 어린 시절에서부터 시작된다. 야외에서 가족과 함께 하는 캠핑의 맛을 알게 해 주신 아버지 덕분에, 결혼을 하고 나도 내 가족과 그 즐거움을 함께하기 위해 자동차도 짐을 많이 실을 수 있는 SUV 차량으로 바꾸고 아이가 따라 다닐 수 있을 만한 때를 기다리다 시작했다. 우리 가족의 소박한 식사를 담당하는 코펠과 버너는 아버지가 쓰시던 것으로 아직도 대를 이어 사용하고 있으니 이래 봬도 뼈대 있는 캠퍼라고 할 수 있다.

캠핑의 가장 좋은 점은 자연을 제삼자처럼 스쳐 지나며 눈으로 바라보는데 그치는 것이 아니라, 자연의 품 안에 직접 들어가 밤을 보내면서 함께 호흡하고 온몸으로 느끼며 우리도 엄연한 자연의 일부임을 깨닫는 것이다. 물론 맛있는 음식을 앞에 두고 가족들이 바쁜 일상 속에서 미처 나누지 못한 이야기들을 도란도란 나누며 좋은 추억을 쌓는 것도 큰 수확임에 분명하다.

캠핑은 옛날에는 문명의 이기로부터 멀리 떨어져 거친 자연으로 되돌아가 자연과 더불어 고된 생활을 즐기는 소수인들의 취미 생활이었는데, 이제는 대다수의 평범한 가족들이 휴일을 보내는 인기 있는 여가활동이 되었다. 나는 사실 캠핑이 인기 있는 여가활동이 된 것이 싫다. 왜냐하면 캠핑이 적어도 자연 앞에 겸손하고 자연을 아끼고 사랑하는 이들의 활동이 되길 바라기 때문이다.

최초의 환경 보호론자로 불리고 있는 미국의 헨리 데이빗 소로우는 1845년 월든 호숫가의 숲속에 들어가 통나무집을 짓고 밭을 일구면서 모든 점에서 소박하고 자급자족하는 생활을 2년간 했다. 또한, 스코트 니어링과 헬렌 니어링 부부는 도시의 삶을 접고 버몬트 숲으로 들어가 얼마나 소유하느냐가 아닌 얼마나 필요한가에 가치를 두고 자급자족을 하며 자연 속에서 조화로운 삶을 살아 지금까지도 많은 이의 귀감이 되고 있다.

나는 이들처럼 문명사회의 온갖 편의를 모두 털어버리고 숲속에 들어가 원시생활을 하면서 소박한 삼림 생활을 할 용기는 없다. 그래도 그들의 사상과 실천에 옮긴 삶을 본받으려 노력하며 살고자 한다. 이들의 자연에 해를 끼치지 않고, 많이 가지기보다는 검소하고 단순하게 사는 삶은 후손에게서 잠시 자연을 빌려 쓰고 있는 우리로서는 마땅히 지향해야 할 삶의 모습이 아닌가.

캠핑은 풍요로운 물질문명의 세계에서 잠시나마 벗어나 자연 안에서 조용히 힐링(치유)하는 시간이어야 한다. 꼭 필요한 최소한의 장비를 갖고 지내며 내가 그동안 얼마나 많은 불필요한 것들을 소유하고 살았는지 깨닫는 시간이었으면 좋겠다. 평상시에 반해 조금은 불편하게 지내며 내가 그동안 얼마나 문명의 이기에 예속되어 편리함만을 좇으며 살았는지 되돌아보는 시간이었으면 좋겠다.

요즘 문명의 이기로부터 벗어나 있어야 할 캠핑장을 둘러보면 힐링을 하러 오기 위해 소비한 그 물질의 현란함에 멀미가 날 정도이다. 평수 넓은 아파트처럼 텐트는 점점 규모가 커지고, 그

안은 마치 집안 살림살이를 그대로 옮겨 놓은 듯하다. 키친 테이블, 가스레인지 같은 럭셔리한 주방용품을 비롯해 전기를 끌어 쓸 수 있는 사설 캠핑장에서는 냉장고, 선풍기, 전기장판 등으로 야외에서도 평소와 다름없이 지낸다. 저렇게 한 치의 불편함도 싫으면 그냥 편안한 집에 있거나 펜션이나 호텔에 가서 주말을 보내지 왜 힘들게 짐을 꾸려 캠핑을 왔을까 싶을 정도다.

또, 우리나라 사람들은 어디 나가기만 하면 고기 구워 먹기를 좋아한다는 것은 익히 알고 있는 바다. 너도나도 할 것 없이 저녁 시간이면 캠핑장에는 고기 굽는 냄새가 진동하는데 제발 기름 등 음식물쓰레기를 잘 처리해 환경오염을 최소화했으면 한다. 그리고, 캠핑장에서 자정이 훨씬 넘은 밤까지 환하게 불 밝혀 놓고 술 마시며 큰소리로 떠드는 이기적 행위를 해서는 안 되겠다. 어두워야 할 자연의 밤에 불을 밝혀 놓아 매미 한 마리가 낮인 줄 알고 온 힘을 다해 울고 있는 소리를 텐트 안에서 듣고 있자니 애처로운 마음이 든 적도 있다. 본인들은 힐링(healing)하겠다고 자연을 찾아와서 자연을 킬링(killing)하는 행동은 하지 말아야 한다.

캠핑을 자주 다니다 보니 이제 최대한 간단하게 짐을 꾸리는 데 일가견이 생겼다. 오늘도 나는 자연 속에서 내 안의 나를 만나기 위해 또다시 짐을 꾸린다.

다시 무소유

느릿느릿 마치 우아함을 타고난 듯 소리 없이 걸어가다가 잠시 멈춰 나를 바라보는 시선이 느껴진다. 고개를 들어보니 바로 그 녀석, 누런 점박이 길고양이다.

아파트가 아닌 주택에 살고 있다 보니 골목을 활보하는 길고양이들을 많이 만난다. 내가 외출한 날을 틈타 주인 없는 마당을 마음껏 산책하다 갑자기 들이닥친 내 발걸음 소리에 놀라 후다닥 도망가는 모습도 많이 보았다. 담 하나를 사이에 두고 옆집과 아래 윗집이 붙어 있는 주택가인지라 그럴 때면 고양이들은 좁은 담장 위로 날쌔게 올라 이집 저집을 넘나든다.

부엌 창문가에 있는 전기렌지대 앞에서 음식을 만들다 보면 본의 아니게 낮은 담 너머 뒷집 앞마당의 풍경을 보게 된다. 냄비에서 졸여지고 있는 고등어 냄새가 그 녀석의 코끝을 자극했는지 담장에 서서 나를 똑바로 빤히 보고 있는 모습에 괜히 유쾌하지 않다. 저리 가라고 소리를 한 번 쳤더니 못 이기는 척 아주 천천히 마당으로 사뿐히 내려간다.

뒷집 할아버지는 아침 일찍 일어나 날마다 마당을 깨끗하게 쓴다. 애써 보지 않으려 해도 보이는 뒷집 마당은 늘 잡초 하나 없이 잘 정돈되어 있다. 할아버지는 위암 수술을 하면서 위를 절제하셨다. 그래서 많이 드시질 못해 뼈만 앙상할 정도로 체력이 약하신데도 깔끔한 성격 탓인지 걸레로 방을 닦듯이 화단을 가꾼다. 마당의 어떤 화초들보다 할아버지가 감을 좋아해서 욕심내 심으셨다는 커다란 감나무 두 그루가 제일 손이 많이 가게 하는 주범이 틀림없다. 비바람에 미처 익지 못하고 떨어지는 감들과 가을이면 우수수 떨어지는 잎들은 오롯이 할아버지의 몫이기 때문이다.

그런데 언제부터인가 누런 점박이 녀석이 할아버지가 깨끗하게 아침 청소를 마친 뒤 이 집을 방문하고 있다. 마치 자기 집

정원이 밤새 잘 있었는지, 할아버지가 평소처럼 청소는 잘했는지 살피는 것처럼 찬찬히 돌아본다. 점검을 끝내고는 자기가 늘 앉는 볕 잘 드는 곳에 가서 자리를 틀고 일광욕을 하며 잠을 청하는 게 하루 이틀의 일이 아니다.

할아버지가 이 집을 장만하느라 젊어서 힘들게 허리띠를 졸라매가며 돈을 모았고, 끝내 암 투병도 하고 계신데 저 고양이 녀석은 무임승차도 이런 무임승차가 없다. 오늘은 문득 할아버지의 집에 고양이가 무단으로 들어와 사는 건지 고양이의 집에 할아버지가 집사로 살면서 청소하고 관리하며 세 들어 사는 건지 헷갈린다. 도대체 뒷집의 주인은 할아버지인가 저 길고양이 녀석인가.

사람들은 대부분 자기 소유의 집과 그 집 안에 들어가 있는 물건들을 가지기 위해 시간과 노력이라는 대가를 치르며 인생을 산다. 더 윤택한 생활을 하고 싶다면 그만큼 더 돈을 벌기 위해 자기 삶을 희생해야 하는데, 무소유(無所有)의 삶을 사는 고양이는 어느 한 집에 연연하지 않고 필요에 따라 빌려 쓸 뿐 삶을 누리며 살아간다. 그렇다면 우리는 왜 아등바등하며 살아가고 있는지 고양이가 봤을 때 어리석은 노릇이 아닐 수 없다.

'무소유'를 생각하면 지난 2010년에 타계하신 법정 스님이 떠오른다. 그의 글은 소유와 경쟁으로 찌든 세상에 작지 않은 충격을 주었고, 언행일치의 삶은 지금까지도 선한 영향을 미치고 있다.

법정 스님의 「무소유」는 마하트마 간디가 1931년 9월 런던에서 열린 제2차 원탁회의에 참석하기 위해 가던 도중에 마르세유 세관원에게 한 말에서부터 시작된다. K.크리팔라니가 엮은 『간디 어록』에서 "나는 가난한 탁발승이요. 내가 가진 거라고는 물레와 교도소에서 쓰던 밥그릇과 염소젖 한 깡통, 허름한 담요 여섯 장, 수건 그리고 대단치도 않은 평판뿐이오."라는 내용을 읽고 법정 스님은 자신은 너무 많은 것을 가지고 있다며 몹시 부끄러워하며 반성한다.

법정 스님이 당신의 세간살이로 부끄러워 반성하셨다면 나는 무릎 꿇고 앉아 두 팔을 머리 위로 올리고 몇 날 며칠 동안 벌서야 뉘우침의 시간을 제대로 가질지 모르겠다. 결혼을 막 했을 때만 해도 꼭 필요한 것만 갖고 살자는 소신이 있었다. 집들이에 오신 분들이 하나같이 신혼집인데 휑하다고 할 정도로 비어 있어 '텅 빈 충만'을 누렸다. 아이들을 낳고 십 년이 넘는 세월을 살면서 중간중간에 정리해 나누고, 버리고 하였어도 어느덧 집안의 살림살이에 주객전도 되어 이 더운 날 더 답답하다.

물론 요즘 같은 소유의 시대에 어떤 것도 갖지 않고 살아간다는 것은 거의 불가능한 일이다. 그래서 법정 스님도 말씀하셨듯이 우리의 소유는 꼭 필요한 것만 갖고 살자는 의미로 받아들이는 것이 옳다. 누구나 이 세상에 올 때는 그 무언가를 잔뜩 소유하겠다는 의지의 몸짓처럼 빈 주먹을 꽉 움켜쥐고 태어났다가, 갈 때는 살아보니 모든 것이 부질없음을 깨닫고 빈손을 펴고 돌아간다. 그 마지막 순간보다 조금 더 일찍 깨달아 소유에 대한 욕심을 줄여 살아간다면 현명한 삶이리라.

다행히 요즘 필요 없는 건 아예 없애거나 줄이면서 소박한 삶을 찾아가는 소위 '미니멀 라이프(Minimal Life)'를 실천하는 사람들이 늘고 있는 분위기다. 최소한의 것으로 삶을 살고자 하는 사람들은 필요 없는 물건을 처분하거나 집을 텅 비우고 나니 삶이 더 여유로워지고 행복해졌다고 한다. '필요 없는 수많은 물건에 둘러싸인 삶이 과연 행복할까?'라는 물음에서 출발해 단순하고 소박한 삶을 추구하는 미니멀 라이프는 우리가 오늘에 집중하고 충실하게 해준다.

미니멀 라이프에는 무소유의 정신이 담겨 있다. 이 정신은 단지 물건뿐만 아니라 먹는 것, 입는 것, 돈이나 인간관계 등에 대해 생각하는 것에도 모두 적용된다. 내가 소유하고자 애쓰는 모든 것이 내 것이 아니고, 내가 잠시 보관하고 있는 것일 뿐이라는 생각을 한다면 쾌적한 주거 환경을 갖는 것에서 나아가 과소

비를 막고 환경보호를 하는 데까지도 이를 수 있게 도울 것이다.

날이 덥다. 오늘 당장 소유에서 무소유로의 삶으로 전향하기 좋은 날이다. 덜어낸 만큼 이 여름이 시원할 테니까.

초당이 기억하는 강릉의 3·1 운동

올해는 3·1 운동과 대한민국 임시정부 수립 100주년이라는 역사적인 해이다. 고종 황제의 장례식이 열리기 전인 3월 1일 서울에서 시작된 만세 운동은 전국으로 번졌고 상하이에 '대한민국 임시정부'가 수립되었다. 우리 지역 강릉도 1919년 3·1 만세 운동에 예외 없이 적극적으로 동참했었건만, 이 사실을 알고 있는 사람보다 모르고 있는 사람들이 더 많은 것 같아 속상하다.

소나무 숲이 아름다운 현재 강릉고등학교 정원에는 '영어학교 터'라고 적혀 있는 작은 비석이 놓여 있다.

이 영어학교의 본래 이름은 '초당의숙'이며, 초당 마을의 부호인 최돈철 씨가 1906년에 설립하였다.

초당의숙은 대략 10세 전후에서 20세의 학생들이 다닌 것으로 알려지며, 과거의 향교 교육과 비교했을 때 '신학문'이라고 할 수 있는 국어, 한문, 일어, 산수, 영어, 체육 등을 배웠다. 초당의숙이 지역민들에게 '영어학교'라고 더 많이 불리게 된 이유는 그 시대에는 너무나도 생소했던 영어 과목을 가르쳤기 때문이 아닌가 싶다.

교사로는 몽양 여운형, 윤치호 등이 초빙되어 와서 가르쳤고, 이들은 당시 급변하는 정세를 파악하고 여기에 부응하는 교육과정을 마련했던 것으로 파악된다. 하지만 영어학교는 1908년 10월 1일에 발령된 '사립학교령'으로 일제의 감시와 탄압이 극에 달하며 1909년에 폐교된 것으로 전해진다.

비록 약 4년이라는 짧은 시간이었지만 구국의 의지와 항일 정신을 고취시키는 데 앞장섰던 영어학교의 교육은 강릉지역의 근대화와 항일 운동에 깊은 영향을 미쳤다. 학교가 폐교되고 여운형도 서울로 돌아간 뒤 제자들은 노동야학인 '창동회'를 조직하였다.

30여 명으로 구성된 창동회는 지금으로 말하면 영어학교의 동문회 성격의 조직이라고 할 수 있다. 1919년 4월 4일에 강릉에서 농민 만세 운동이 일어났는데 바로 이 창동회 회원들이 핵심적인 역할을 하였다. 초당 마을에 살던 청년 최돈옥이 탑골공원의 독립선언식에 참여하고 돌아온 뒤 창동회의 회원들과 함께 만세 운동을 계획했던 것이다.

이들은 일본의 의심을 받지 않으려고 사람들이 많이 모이는 장날과 송정, 초당, 포남, 운곡, 옥천의 5개 마을 주민들이 매년 정례적으로 남대천 하평보를 수리하는 4월 4일을 거사 일로 정하였다. 몰래 태극기와 독립선언서를 제작하는 한편 민중들의 적극적인 동참을 이끌어 내기 위해 선창부와 해산방지부 등 결사대도 조직하였다. 드디어 4월 4일, 보 공사를 마친 뒤에 4백여 명이 넘는 농민들은 장터거리에 집결하여 괭이와 삽, 가래를 들고 조직적으로 시위를 벌였다.

일본 경찰과 수비대의 총칼을 당해낼 수 없어 이들과의 직접적 충돌을 피해 화부산·남산·월대산 등에서 횃불시위로, 안목·강문 등에서는 선상 횃불시위로 전개되었다. 이와 같은 만세 운동은 4월 중순에는 읍내 외곽으로 확산·발전되어 5월까지 지속되었다.

4월 초에서 5월로 이어진 강릉의 만세 운동은 연인원 10,000여 명이 참가하였다. 그중 80여 명이 부상당했고, 일본 경찰에

검거된 사람은 140여 명이었다고 한다. 체포된 사람들은 주로 함흥지원에 이송되어 일본 경찰의 모진 고문과 재판을 받고 복역하였다. 지금은 강릉에도 지원이 있지만, 그때는 없었기 때문에 함흥지원으로 이송되어 형을 집행 받아야만 했다. 확인할 수 있는 역사의 자료가 북한의 함흥지원에 있는 관계로 강릉에서의 만세 운동이 축소되어 알려져 오고 있지는 않을까 하는 생각에 분단된 조국의 현실이 더욱더 안타깝기만 하다.

강릉 경포호수 옆에는 만세 운동에 참여하여 투쟁하신 애국선열들의 위훈을 기리기 위해 임시정부 수립 기념일에 맞춰 1999년 4월 13일에 건립한 '강릉 3.1 독립만세운동 기념탑'이 세워져 있다. 기록이 있어 확인된 주요 인물들을 흉상으로 만날 수 있으며, 기념탑 옆에는 일본군의 위안부로 고통받은 할머니들의 어릴 적 모습 같은 '평화의 소녀상'도 함께 하고 있어 가슴을 더 먹먹하게 한다.

강릉고등학교 안에는 '제17회 아름다운 숲 전국대회'에서 우수상에 해당하는 공존상을 수상한 아름다운 솔숲이 있다. 그 솔숲은 초당 마을 숲의 일부분이었는데 지금은 학교 숲으로 존재하며 아직도 주민들의 사랑을 받고 있는 숲이기도 하다. 일제 강점기 말에 일본은 전투 비행기의 연료로 쓰기 위해 우리나라의 소나무에 'V'자형 상처를 내어 흘러내리는 송진을 채취하는 만행을 저질렀다. 그때 입은 상처를 간직한 채 죽지 않고 세월을 견디어 온 소나무들은 많은 것을 생각하게 한다.

나라를 빼앗기면 독립운동을 하셨던 분들이나 위안부 할머니를 비롯한 민족 구성원들은 견디기 힘든 고통을 받게 된다. 이 땅에 뿌리박고 사는 말 못하는 나무들조차 나라를 빼앗겼다는 이유만으로 몸을 도려내는 아픔을 겪는다. 1919년의 만세 운동이 아직도 잊히지 않았는데 2019년 요즘 일본제품 불매운동이 그 어느 때처럼 전국적으로 일어나고 있다. 나라를 위해 희생하신 분들의 숭고한 뜻을 기억하며 다시는 과거와 같은 비극을 겪는 일이 없도록 해야 할 것이다.

매미의 오덕(五德)

2014년 4월 16일.

국내에서 가장 크다는 6,925t 크루즈선인 세월호가 전남 진도 앞바다에서 침몰했다. 대한민국 역사상 최악의 선박 참사 후 잔인하고, 잔인하고, 또 잔인한 봄이 비통함에 멈춰선 줄 알았는데 어느덧 자연의 시간은 어김없이 흘러 여름의 한 가운데에 와 있다.

산책하는 호숫가 근처의 나무 주변을 둘러보니 우화(羽化)한 매미가 벗은 허물이 여기저기서 보인다. 아이가 어렸을 때, 천적을 피해 밤에 허물을 벗는 매미의 신비하고 경이로운 우화 과정을 함께 숨죽여 지켜본 기억이 있기에 무사히 허물을 벗고 날개를 잘 말리고 날아갔는지 괜히 궁금해진다.

매미는 종류에 따라 약간의 차이는 있지만 거의 7~8년의 긴 시간을 어두운 땅속에서 어린 애벌레로 살아낸다. 마침내 이 세상에 나와 2주 남짓한 시일 동안에는 종족 번식을 위해 요란하게 울어대다가 짝짓기가 끝나면 일생을 마친다. 요즘의 현대인들에게 소음공해 취급을 받으면서도 수컷의 절반 이상은 암컷을 만나지 못하고 생을 마감한다니 참으로 애절한 곤충이다.

이런 매미의 생의 모습에서 진나라 시인 육운(陸雲)은 다섯 가지의 덕(五德)을 찾았다. 매미의 입이 곧게 뻗은 것은 마치 글(文)에 뜻을 둔 선비의 갓끈이 늘어진 것을 연상케 하고, 이슬이나 나무의 진만 먹고 사니 맑으며(淸), 여느 곤충과 달리 농부가 가꾼 곡식이나 채소를 탐하지 않아 염치(廉恥)가 있다. 또, 다른 생물처럼 자신의 집을 짓지 않으니 검소(儉素)하고, 제철에 허물을 벗고 나와 살다가 죽을 때를 알고 지키니 신의(信義)가 있다 했다.

비록 미물이지만 옛 선조들이 매미의 문(文), 청(淸), 염(廉), 검(儉), 신(信)의 오덕을 본받고자 한 마음은 임금과 신하들이 썼던 관모에서도 엿볼 수 있다. 임금이 정무를 볼 때 쓴 익선관(翼

蟬冠)은 날개 익(翼)에 매미 선(蟬) 자를 써서 곧추세운 매미의 날개 모양을, 신하들이 썼던 오사모(烏紗帽)는 매미의 펼친 날개 모양을 형상화했다. 임금이나 관리들이 매미의 날개를 모자에 항상 달고 있는 것은 오덕을 늘 염두에 두고 이를 정치에서 구현하자는 의지의 표현이었다.

이와 같은 매미의 다섯 가지 덕목은 조선시대의 정치가나 선비들에게만 국한된 옛이야기가 아니다. 현대 사회를 사는 정치인들뿐만 아니라 우리들에게도 매미의 오덕은 변함없이 중요한 가치임에 분명하기 때문이다. 항상 열심히 배우고, 매사에 청렴하며, 염치를 알고, 검소함을 실천하고, 신의를 지킬 줄 알아야 함은 어쩌면 오늘날 더욱 절실한 덕목이 되었다.

문(文)의 덕목을 알았다면 세월호의 직원들은 선박안전교육을 제대로 배우고 숙지해서 탑승객들에게 사고시 대처요령을 알려주는 안전교육을 실시했을 것이다. 정부 당국도 이런 긴급 사고시 국민을 안심시키고 사태를 신속히 수습할 수 있는 상세한 매뉴얼에 맞춰 평소에 제대로 된 훈련을 해 왔다면 이번 사고도 역시 인재(人災)라는 탄식은 하지 않았다.

물질만능주의 시대에 청(淸)과 검(儉)의 덕목이 생활화되었다면 부패한 관료사회와 사주인 구원파 목사 유병언 일가의 부도덕한 경영, 선사인 청해진 해운의 부실한 선박 관리는 세월호 사고의 싹을 틔우지 못했을 것이다. 그랬다면 구명정 정비업체는 펴지지도 않는 구명정을 상태가 양호하다고 허위로 보고서를 작성하지 않았고, 300여 명 정도를 더 태워 수입을 늘리기 위해 배의 안전은 생각하지 않고 배 뒤쪽을 개조해 객실을 증축하는 일도 없었다.

무엇보다도 이번 사고는 인간으로서 염(廉)의 덕목을 알지 못한 점이 비극을 악화시켰다. 승객들을 배에 남겨둔 채 물이 차기도 전 제일 먼저 탈출한 선장을 비롯해 자신들이 먼저 살아야겠다는 생각에 대피 방송이고 뭐고 본인들 몸만 빠져나오는데 급급했던 선박직 승무원들은 매미 앞에서 부끄러운 줄 알아야 한다. 특히 자신들의 안전이 확보된 후에도 배에 남아 있는 승객들을 구하려는 적극적인 조치를 취하지 않고 방관하고 있었던 대목에서는 경악을 금치 못한다.

신(信)의 덕목이 부족했기에 대형 참사를 수습하는 과정에서 정부의 초동조치 미흡과 해경의 부실 대응, 우왕좌왕했던 구조작업 등으로 인해 사고자 가족들이 정부의 의지를 의심하게 했다. 언론 역시 사건 현장 상황을 다르게 보도한다는 불신의 대상이 되었으며, 오죽하면 국립과학수사원의 유병언 사체의 DNA 결과

조차 믿지 못해 의견이 분분한 지경에 이르렀다.

올여름에도 매미는 온몸으로 오덕을 실천하며 자신의 본분을 다하고자 울어댈 것이다. 시끄럽다고 짜증을 내기 전에 다섯 가지 덕을 행하며 살라는 매미의 가르침으로 듣고, 살아남은 우리 어른들이 더 이상 부끄러운 인간이 되지 않도록 자성할 일이다.

붉은바다거북아, 미안해

요즘 한창 해양생물에 관심이 많은 아이는 도서관에서 꽤 두꺼운 관련 책들을 빌려와 읽고 있다. 그뿐만 아니라 책을 사주겠다고 해도 굳이 그 책의 중요내용을 공책에 필사까지 하고 있을 정도이다. 자식의 이런 노력이 가상하여 자칭 미래의 해양생물학자를 위해 충남 서천에 있는 국립해양생물자원관으로 길을 떠났다.

1층에서 마주하게 되는 해양생물자원관 「씨큐리움」의 상징물인 우리나라에 서식하는 해양생물 표본 5천여 점으로 연출한 '생명의 탑'이 퍽 인상적이었다. 해조

류, 플랑크톤, 무척추동물, 척삭동물, 어류, 포유류 존에서 만나는 여러 표본을 통해 다양한 해양생물의 생활사도 알 수 있었다. 마침 'NO PLASTIC - 11일 동안의 메뉴'라는 특별전이 진행되고 있었는데 전시 속에 등장하는 붉은바다거북의 이야기를 따라가다 보니 마음이 참 많이 아팠다.

몇 년 전 한 대형 수족관에서 전시용으로 키워지던 멸종위기종 붉은바다거북을 바다에 방류했다. 하지만 이 붉은바다거북이 자유를 누린 시간은 불과 11일. 인공위성 추적 장치와 개체 인식표를 등껍질에 붙이고 제주 앞바다에서 씩씩하게 출발한 바다거북이 부산 바닷가에서 움직임이 멈췄다. 폐사체로 발견된 바다거북의 사인(死因)을 알아보기 위해 연구자들은 모여서 부검을 했다.

그 결과는 충격적이었다. 거북의 배 속에서 200개가 넘는 쓰레기가 발견됐다. 사탕 껍데기와 생수 페트병 라벨 등 비닐·플라스틱 쓰레기가 대부분이었다. 잡식성인 붉은바다거북은 바다에 떠다니는 필름 타입의 비닐, 일회용 비닐봉지를 해파리로 착각해 먹는다. 거북은 플라스틱을 먹으면 위장으로 역류해 뱉어낼 능력이 없고, 몸에 들어간 폐비닐 등은 3주 혹은 한 달이 걸려야 배설된다. 플라스틱 쓰레기가 체내에 머무는 동안 장 염증을 비롯한 질병을 일으켜 죽음에 이르게 되는 것은 너무나 당연한 일이다.

플라스틱 쓰레기로 인한 해양생물의 죽음은 단순히 이 거북 한 마리만의 문제가 아니다. 실제로 많은 바다거북 죽음의 원인을 알아내기 위해 45마리의 바다거북 폐사체를 부검해 온 결과, 절반이 넘는 바다거북이 플라스틱 쓰레기 섭취가 직·간접적 사인으로 밝혀졌다. 지구 생물의 80%가 바다에 산다는데, 우리 인간이 만들어내는 플라스틱 쓰레기로 플라스틱이 무엇인지도 모르는 해양생물들이 피해를 보고 있으니 이만저만 미안한 일이 아니다.

하지만 더 큰 문제는 먹이사슬을 따라 결국 우리 인간에게도 그 피해가 고스란히 돌아온다는 점이다. 바다에 버려진 플라스틱 제품들은 자외선과 파도, 바람에 의해 잘게 부서지며 미세플라스틱 조각으로 분해된다. 우리가 흔히 먹는 해양생물들이 이 미세플라스틱을 플랑크톤으로 오인해 먹게 되면 그러한 해산물이 우리 식탁에까지 올라오게 된다. 플라스틱에 포함된 비스페놀A, 프레탈레이트, 브롬화 유기화합물 등 각종 화학물질은 인체 내에서 환경호르몬으로 작용하여 정자 수 감소, 노인 우울증 증가 등의 영향을 끼칠 수 있고 모유 등을 통해 영유아에게 전달될 수도 있다.

더 놀라운 점은 플라스틱 쓰레기가 우리가 일반적으로 떠올리는 페트병이나 용기 같은 형태의 것만이 아니라는 것이다. 세정력을 높이기 위해 화장품, 치약 등의 알갱이에 첨가되는 미세플라스틱과 합성섬유 의류를 세탁기에 넣고 돌리면 한 번에 최대 70만 개 이상 방출되는 미세섬유가 대부분 하수처리 시설에 걸러지지 않은 채 바다로 유입된다. 더 깊이 알게 될수록 우리의 일상에서 소비되는 플라스틱 양은 우리가 생각하는 것보다 훨씬 많다는 사실에 어찌할 바를 모르겠다.

편하게 살고자 하는 인간의 욕구는 끝이 없어서 이제 우리 일상에서 비닐·플라스틱을 빼면 살 수 없다고 아우성칠 판이다. 편하게 배달앱을 통해 주문해 먹는 배달 음식을 포장할 때 3~20개 정도의 일회용품이 사용된다고 한다. 나름 환경을 생각하는 사람이라 생각하며 쓰레기 분리수거를 철저히 하면 막연히 재활용 쓰레기는 공장에서 아름답게 재탄생되어 환경보호가 되고 있다고 믿었다. 그러나 분리수거 이후의 재활용 쓰레기는 재활용률이 그리 높지도 않을 뿐 아니라 또다시 산업공해를 유발하고 있다.

플라스틱 쓰레기로부터 영향을 받지 않는 생태계는 없다. 붉은바다거북의 죽음을 나와 무관한 일이라고 생각하지 말고 나에게, 나의 후손에게 닥칠 위험을 알리는 경고등이라고 생각해야 한다. 이 지구 생태계가 파괴된다면 편하게 지내기는커녕 생존이 위협

받게 되므로 환경 보전은 곧 우리 인류 생존을 위한 노력이다. 마트에서의 일회용 비닐봉지, 카페에서의 일회용 컵과 플라스틱 빨대 사용을 금지해 나가고는 있지만, 과도한 사용에 대해 우리의 적극적인 노력이 필요하다.

지금 이 순간에도 우리가 의도했건 의도하지 않았든 간에 우리가 사용하고 버린 쓰레기가 바다를 떠다닌다. 마실 물을 물병에 담아 다니고, 천으로 된 장바구니를 가지고 다니는 등 조금만 불편한 삶을 지향한다면 해양생태계의 환경은 훨씬 나아질 것이다.

자, 붉은바다거북에게 속죄할 우리에게 주어진 시간이 그리 많지 않다.

진영하 수필집

이카루스의 날개

2020년 8월 25일 초판 인쇄
2020년 8월 31일 초판 발행

지은이 / 진영하
발행인 / 강병욱

발행처 / 도서출판 교음사
편 집 / 隨筆文學社 出版部

03147 서울 종로구 삼일대로 457 수운회관 1308호
Tel (02) 737-7081, 739-7879(Fax)
e-mail : gyoeum@daum.net

등록 / 제2007-000052호

* 잘못된 책은 바꿔 드립니다. 값 12,000원

ISBN 978-89-7814-790-3 03810

이 도서의 국립중앙도서관 출판예정도서목록(CIP)은 서지정보유통지원시스템 홈페이지(http://seoji.nl.go.kr)와 국가자료공동목록시스템(http://www.nl.go.kr/kolisnet)에서 이용하실 수 있습니다. (CIP제어번호 : CIP2020034653)

* 이 도서는 강원도, 강원문화재단 후원으로 발간되었습니다.